65歳　何もしない勇気

樋口裕一

GENTOSHA

JN164320

まえがき

65歳を過ぎて「高齢者」になったら、様々なものから解放されて自由になるのだろう……、私は長い間、そう思っていました。仕事をしなくていい、義務もない、人から強制されることもない、のんびり気ままに生きていけると思っていたのでした。

ところが、いざ自分が65歳を過ぎてみると、なかなかそうはいきません。しなければならないことが次々出てきます。

いえ、本当にしなければならないことでしたら、それはそれでやむを得ないかもしれません。もっと問題なのは、実際にはしなくてもいいのに、しなければならないような気がしていることです。

これまでの人生で得た価値観をそのまま高齢者になっても持ち続けて、意味のない我慢をしたり、無理をしたり、気をつかったりもしています。もうそのようなことをしなくていい立場になっているのに、自分でしなければならないような気がして、あれこれと仕事を増やし、気苦労を増やしています。そうして、むしろ人に迷惑をかけたり、自分でストレスを作り出したりしているのです。

しかも、高齢者になってからは、「年寄りらしくしなくてはいけない」という、もうひとつ別の「しなくてはならない」が増えてきている始末です。これでは、65歳を過ぎたら自由になるどころか、いっそう様々なしがらみにがんじがらめになって、しなければならないという強迫観念に追いかけまわされそうです。

そこで私が考えたのは、心の断捨離です。

「しなければならない」という考えを捨ててしまうことです。「もうしなくていい」と自分に宣言してしまうことです。そうすることによって、しなくていい気持ちが明確になり、本当しなくてよくなると思うのです。

私は若いころから、ほかの人に比べればかなり自由に生きてきました。「しなければならない」とあまり考えなくてよい立場にいました。が、それでも、まだまだ「しなければならない」に追われています。そこで、新たに宣言をすることによって、もっともっと「しなければいけない」ことを減らしたいのです。

本書には、私が「しなくていい」と宣言したことがらについて書かせていただきました。ここには、私がすでに当たり前のこととして実行していることを多く書きましたが、そのほかに、まだ実行していないことも加えています。それらは私の願望を書いたものです。近いうちに、本当に私自身もしなくてよいと完全に思えるように願っています。

65歳　何もしない勇気　目次

第2章　無理はしなくていい

第3章　気をつかわなくていい

第4章 好きな人とだけつき合えばいい

装幀　石間　淳
装画本文画　かなざわまこと
ＤＴＰ　美創
協力　岩岡千景

第1章
我慢はしなくていい

◆「もうやーめた」のスタンスでいい

❖「しなくていい」で世界は広がる

「人生の後半をどう過ごすか」ということこそが、長寿社会となった現在、多くの人にとって大事な問題といってよいでしょう。

人が自分を幸せに思うかどうかは気持ち次第です。まったく同じような境遇にいても、一人は自分を「不幸だ」と思い、一人は「幸せだ」と思うのは、きわめて当然のことです。幸せな老後にするかどうかは、老後の生活をどうとらえるかによるでしょう。

では、どうすれば幸せな後半生にできるのでしょう？　私は六十六歳になりました。すでに高齢期に足を突っ込んでいます。二〇一六年、九十一歳の父を亡くし、現在、老人ホームにいる九十一歳の母と、週に何度か顔を合わせます。老後や自分の最期について考えることが増えています。今、日本では六十五歳以上が四人に一人。七十歳以上も五人に一人ですから、似た状況にある方は、多いでしょう。

高齢期を迎えるにあたって、幸せな後半生にするために今、私が考えていることを書かせていただきます。先回りして一言だけ言っておくと「しなくていい」と考えることです。「もうやーめた。『しなければいけない』という意識を捨ててしまおう！」というのが本音です。

現在、多くの人が「しなければいけない」を抱えています。それを楽しんでいる人も多いかもしれませんが、苦しんでいる人も多いでしょう。私はそれを少し減らし、「しなくていい」と考えようと思います。そうすると、これまでみえなかった世界が広がると思うのです。

タイでよく「マイペンライ」という言葉が使われます。「気にするな」「なんとかなるよ」「気楽にいこう」というような意味です。タイの人に限らず、南国の人にはこのような気質があるといわれます。今の高齢者、特に七十代以上は日本の高度経済成長期を支えた人も多く、もうたくさん働いてきました。そうです。これからは少し、南国気質を持ってもいいのではないでしょうか。

◆一周回って、はじめの自分に戻っていい

❖することを減らし、等身大に

私は比較的自由な人生を送ってきました。組織の一員として働いたのは、二〇一七年、私立大学の教授職を定年退職するまでの九年ほどで、それ以外は基本的にフリーで仕事をしてきました。しかし、それでもたくさんのしがらみと「しなければならない」に拘束されていました。

考えてみますと、忙しく働いている間、「しなければならない」にがんじがらめにされていたのは、社会的な地位を安定させるためでした。社会全体が高度成長の中にありましたので、そこから少々距離を置いていた私もその流れに乗って、収入を得るため、家族を支えるため、「しなければならない」をこなしたのでした。熱があっても仕事をし、言いたいことにも口をつぐみ、もっと収入を増やし、もっと豊かになるために、人間らしく生きることを我慢したのでした。

しかし、今は違います。社会全体も低成長期に差し掛かっています。高齢者に限らず、この低成長時代に見合った生き方というものがあるのではないでしょうか。これからは、私は先の成長のために努力するつもりはありません。「しなければならない」を優先して我慢しようとも思いません。むしろすることを減らし、お金を使うところを選び、無理せず等身大に生きていこうと考えています。

加島祥造《かじましょうぞう》さんの詩集『受《うけ》いれる』に「はじめの自分」という章があります。社会に出て競争に負けまいとした自分から逃れて、はじめの自分、ピュアな自分、自然とつながっている自分に戻ることの大事さを語っています。私も同じ心境です。定年を迎え、やっと、「はじめの自分」に戻れる境遇になったのです。さまざまな義務から逃れて自分を解き放てるようになったのです。

思春期前の時のようにもっと気軽に気楽に淡々と、飄々《ひょうひょう》と粋に楽しく生きていきたいし、そうしていいのです。

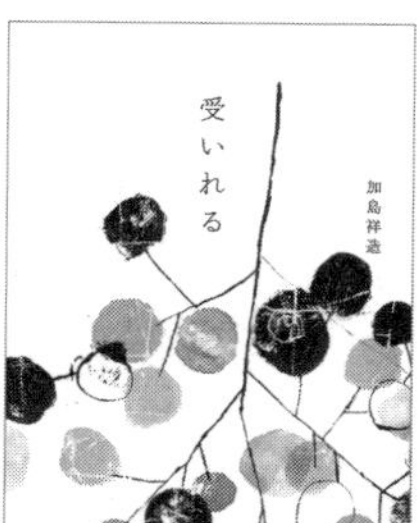

加島祥造
『受いれる』
（小学館・1512円）
信州・伊那谷で暮らし、2015年に亡くなった加島さんの晩年の詩集。

◆

力の衰えを嘆かなくていい

❖しがらみを断ち、美学を守った荷風の精神

力の衰えは誰にでも訪れます。私も間違いなく、だんだんと元気を失い、少し前まで当然のこととしてできていたことが、できなくなっていくでしょう。また、年齢を重ねるとともに、社会から重んじられなくなってしまうでしょう。それはとても寂しいことです。きっと、私もしばしば自分の力の衰えに愕然《がくぜん》とし、落ち込み、悲しむでしょう。

しかし、それを嘆いていても始まらないのではないでしょうか。自分だけがそうなるのであれば嘆きがいもあります。でも、それは自然の摂理です。受け入れるしかありません。受け入れたうえで、どう楽しくするか、どう気楽に生きるか、残された力でやっていくか？　そのための手段となるのは、繰り返しますが、「しなければならない」を捨てて「しなくていい」と開き直ることです。

私が老後を考える時、一つのモデルとしたいのは、明治から昭和にかけての文豪、永井荷風の生き方です。永井荷風は老後、独り身を貫きました。そして七十九歳で孤独死するまで、権力や工業や軍国主義を嫌い、不必要なものはすべて売り払い、しがらみを断ち、読書や歌舞管弦を楽しみ、おいしい食を求め、下町を散歩し、職人や踊り子たちに心を許し、自分の美学を守り……。鋭い目で、戦中戦後の日本の状況と庶民の暮らしを観察しました。そのような生き方を、四十二年間にわたって『断腸亭日乗』と題した日記に書きつけています。まさに自由でしなやかで、「しなければならない」から身を遠ざけた生き方です。

もちろん、荷風は「不良老人」という面もありますので、私はそのまま、行動をすべてまねたいと思っているわけではありません。現在とは時代背景も異なりますので、時代的な考え方は違うところもあります。しかし、荷風のその自由な精神を、大いに参考にしたいと思うのです。

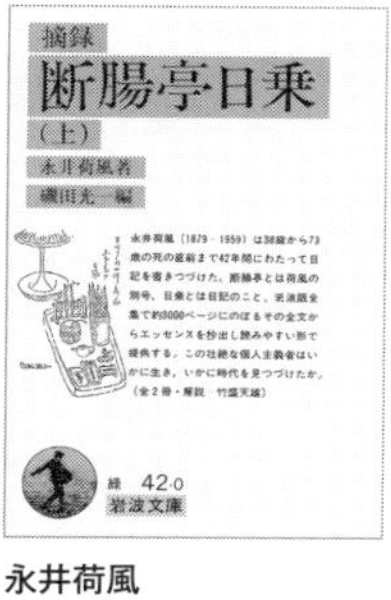

永井荷風
『摘録　断腸亭日乗』
(岩波文庫・〈上〉1026円、〈下〉983円)
個人主義者、荷風の日記。時代と社会をどう見たか。

◆徒党を組まなくていい

❖威を借りれば縛られる

永井荷風が五十代のころに書いた代表作『濹東綺譚《ぼくとうきだん》』は、小説家と人情味のある娼婦《しょうふ》との交流を描いた作品です。その最後に、ストーリーとは関係のない「作後贅言《さくごぜいげん》」が付されています。

亡き友人の思い出やカフェの今昔などが書かれていますが、そこに、「わたくしは元来その習癖よりして党を結び群をなし、其威《そのい》を借りて事をなすことを欲しない。むしろ之《これ》を怯《きょう》となして排《しりぞ》けている」と語られています。

徒党を組まず、人の威を借りて何かをすることを恐れる。つまり、組織に所属しないで、誰かの権威に頼ったりしないということです。これは荷風の生涯の根本にあった考え方でしょう。

そして、このような考えがあるからこそ、老後、荷風はしがらみを断って、「しなければならない」を捨てることができたのでしょう。他者に対して、その人のために何かを「しなければならない」と考えるということは、つきつめれば、力の強い人の信頼を得て、その人の威を借りよう、徒党を組んでともに利益を得ようとすることにつながります。

誰でも、若い間は、組織に所属せざるを得ない場合が多いでしょう。将来がありますので、権威の力を借りる必要もあります。我慢をして、「しなくてはいけない」ことを精力的にこなさざるを得ない時もあるでしょう。しかし、高齢になった私たちは、組織に属さなくなったのですから、そろそろもっと自由になっていいのです。

もはや、これまで会社で仕事をしていた人も、組織がバックになってくれることなどありません。近々訪れる死の時には、もちろん、徒党を組むことなんてできません。組織から離れて一人になったら、考えてみると、「しなければならないこと」など、ほとんどないのです。

永井荷風
『濹東綺譚』
（角川文庫・473円）
向島を訪れた小説家と女性の悲しくも美しい愛を描く。

◆何もしなくていい

❖向上心や義務感は必要か

私には九十一歳の母がいます。現在、わが家の近くの有料老人ホームに入居していますが、認知症の症状が徐々に強まっています。母は常に「しなければならない」に縛られているように見えます。ふとした折に「何か、しなくてはいけないことがあったのではないか」という強迫観念に襲われるようです。

食事の前にも、風呂の前にも、心配そうな顔で「何もしなくていいの?」「しなくちゃいけないことはないの?」「本当にいいの?」と、繰り返し私に尋ねます。義務を果たしていない気がして心配でならないようです。

母は封建的な意識の強い九州で育ち、家長である父を支え、父の親と同居し、近くに住む父のきょうだいたちに気をつかい、地域社会での付き合いを大事にして生きていました。母にとってそれが、自分が帰属し、つながりを感じられる場所……男性にとっての所属組織といえるものだったのでしょう。その過去の習慣が今も残り、周囲の人たちに対しての義務を果たしていないのではないかと恐れているのでしょう。

母とは多少の形の違いこそあれ、多くの人が、これまでの活動の延長で、「しなければいけない」「しないと大変なことになる」と考えているようです。私もずっとそのようなものにとらわれている自分を感じます。

しかし、だからこそ、一度、永井荷風のように組織に属するのをやめ、さまざまなことを切り捨ててみたいと思うのです。

これまで、「しなければならない」と考えてきたのは、前にも書いた通り、自分の社会的な地位を安定させるためでした。もっと豊かになろう、もっと社会的な地位を上げようとして、あれこれと義務を増やしてきたのでした。

そうした義務の前にある思い（世俗の欲といえるものかもしれません）をなくし、その思いとともに身についてしまった「しなければいけない」という意識を捨てさえすれば、もっと自由に楽しく生きていけるのではないでしょうか。

◆他人に従わなくていい

❖もはや我慢は必要ない

「しなければならない」となる場面を振り返った時、外から強制された「しなければならない」が多かったはずです。

取引先と仕事を詰めなければならない。今週中に自分たちの組織の有利になるように事を運ばなければならない。不祥事の始末をつけなければならない。取引先の担当者や上司のご機嫌をとらなければならない。猛暑なのに暑苦しい服を着なければならない――。そのような「しなければならない」は、外部から押し付けられたものです。

多くの人がそのような「しなければならない」でがんじがらめになっていたことでしょう。いえ、仕方なしに「しなければならない」と思っていたのなら、まだいいでしょう。いつの間にか、それが外からの強制であることさえも忘れて、自分から「しなければならない」と思い込み、それが美徳になっていたことでしょう。

このような、外からの「しなければならない」、そして何より、そうしたことに追われているのを美徳とする意識を、私はこれから基本的に放棄してしまいたいと思っています。

もちろん、「しなければならない」という外からの圧力があるからこそ、他者に頼りにされているという意識を持つことができ、生きがいが生まれる面もあるでしょう。しかし、そうしたことにこだわる生き方と、過重労働を続けることとは隣り合わせです。ここはきっぱりと「しなくていい」ことにしたいのです。

それができるようになったのが、高齢期です。もはや、未来のために我慢することもありません。社会通念に無理やり従う必要もありません。後ろ指をさされることを恐れることもありません。

自分からしたいと思うこと、自分のためにしたほうがいいと思うこと以外はしない。外からしなければならないと押し付けられることはできる限り避ける。それを原則にして生きてみてはいかがでしょう。

◆モノは溜めこまないほうがいい

❖我が家もごみ屋敷予備軍

橋本治の小説『巡礼』には、大都市郊外に現れた「ごみ屋敷」の主の人生が、その周辺に住む人々の戦後の高度成長期から現在までの歴史の中に位置づけて、生き生きと描かれています。ごみ屋敷の主である老人も、高度成長期には自己実現を目指して熱心に働いていました。が、ちょっとした行き違いや二度の結婚の失敗によって、周囲の高度成長から取り残されていきます。そして、心の空虚を満たすためにごみを溜《た》め始めます。

この物語を読んだ時、私の家もごみ屋敷のようなものではないかとふと思いました。私は自分なりに懸命に働いて、あれこれモノを買い込み、豊かな生活にしようとしてきました。そして、今、私の家には必要な家財道具のほか、不必要な日用品、そして大量の本とＣＤとＤＶＤがあります。これらは私のこれまでの仕事を支え、人格を形作ったものでもあります。しかし、これから先、この中の一体どれほどを、読んだり聴いたり見たりするでしょうか。心の空虚をむやみに満たそうとするがための「ごみ」のようなものではないでしょうか。心の整理とともに、思い切って捨てる必要があると考えています。

これ以上モノを増やさず、必要不可欠なものだけに限定して生きる。「しなければならない」ことにも、家の中の不用品と似たところがあると思います。何かをしたとしても、無駄なものを手に入れるだけなのです。

荷物と同じように、若いうちはいいのですが、高齢になり体力がなくなってくると、だんだんとその重みが苦痛になってきます。突然、抱えきれなくなって周囲の人に迷惑をかけるより、だんだんと減らすほうがましだと思うのです。そうすることで信頼も収入も減るかもしれません。しかし、それは無駄を減らし、身の丈に合った状況に整理しただけのことです。

橋本治
『巡礼』
（新潮社・1512円）
小説や評論など多彩な文筆活動をする橋本さんが、ごみ屋敷の主人の遍歴を描く。

◆「楽しい」と思える範囲でいい

❖天職ならば続ける

外からの「しなければならない」については放棄したいと思っていると書きました。ただ、考えてみるに、実際には完全に捨て去ることはできないかもしれません。生活のために「しなければならない」ことはたくさんあります。顔つなぎのために我慢して何かをしなければならないこともあるでしょう。

しかし、その場合にもなるべく、「しなければならない」と考えるのをやめてみるのはどうでしょう。強制的な義務と考えると、それが「仕事」になってしまって、つらくなっていきます。それよりは「すると楽しい」「するのが私の天職だ」「まだ、頼りにされている」「まだ、役に立つことができる」と考えるのです。

ヘミングウェイの名作『老人と海』に感動した人は多いでしょう。八十四日もの間、魚が一匹も釣れずにいた老漁師が、一人で海に出てカジキマグロと四日間にわたって格闘し、やっと仕留めたものの、結局はせっかく捕らえた魚をサメに食われてしまう物語です。老人は自分の老いを感じながらも必死に闘い、海で過ごした人生を考え、仕事の誇りを取り戻していきます。漁を天職と考え、それに誇りを持ち、全うしようとする姿は感動を誘います。

この物語のように、仕事を外から与えられた義務と考えずに、天職とみなすのは、それは見事な生きざまです。このような「しなければならない」でしたら、もちろん素晴らしいことです。

とはいえ、たとえ仕事にやりがいを感じ、それを天職と感じていても、身体に無理がかかるようなことは私は避けたいと思います。つらいと思い始めたら、すぐにストップします。「楽しい」と思える範囲で、しなければならないことをしようと思うのです。

ヘミングウェイ
『老人と海』
（新潮文庫・464円）
一人で海に出た老漁師の海や巨大魚との闘いに、人生がみえる。

◆自分で決めたことだけすればいい

❖無気力に陥らないために

外からの「しなければならない」は、基本的には捨てたほうがいいと考えていることは、お伝えしてきた通りです。

ただ「しなければならない」には、内からのものもありそうです。自分で決めた目標、自分のプライドのために何かを続けるような場合の「しなければならない」については、体力や気力と相談しながら守っていけばいいと考えます。

「きょうから毎日、散歩に出かける」「この本を最後まで読み続ける」「きょうはこのページまで勉強する」というような、自分で決めた「しなければならない」です。

こうしたことをやめると、もしかしたらだんだんと無気力になって、体力も気力も失ってしまうかもしれません。しかも、自分で決めたことですから、守ってこそ、プライドも守って生きていけるのではないでしょうか。

太宰治の代表作『斜陽』の「お母さま」も、プライドを守るために、自分を律して静かに余生を送っている女性の一人です。夫に先立たれ、没落していながらも、貴族としてのプライドを保とうとしています。

娘のかず子や息子の直治は時代に翻弄《ほんろう》され、自分の心を平静に保つことができずに激情にかられますが、「お母さま」は限りない悲しみを抱きながらも、めったに弱音を吐かず、美しい立ち居振る舞いで静かに自分の生を全うしようとします。

「お母さま」は最後には、病魔に侵されて「ピエタのマリヤ」のような顔で亡くなりますが、そのように悲しくも気高い死を迎えることができたのは、内側からの「しなければならない」を守ったからでしょう。

この女性のような生き方は文学作品にもしばしば取り上げられます。現実の世界にもたくさんおられるでしょう。それは素晴らしい生き方だと思います。

太宰治
『斜陽』
（新潮文庫・367円）
没落貴族の家庭を舞台に「革命」を問うた太宰の代表作。青空文庫でも読めます。

◆高い目標は避けていい

❖苦痛になったら逃げるが勝ち

内からの「しなければならない」、つまり、自分のプライドを守るための自己ルールや自分の目標を達するための努力については、できるだけ大事にしたいと考えていることをお伝えしました。

もちろん、その考えは変わりません。しかし、たとえ、内からの「しなければならない」であったとしても、「逃げる」ことがあってよいと、私は思っています。それが許されるのが高齢者だと思います。

自分で目標を持っていたとしても、それが実現できずにいると、自分の目標にむしろ押しつぶされてしまいます。そして、かえって自信を失ってしまうこともあるかもしれません。そのようになっては元も子もありません。自分に課した目標も、それが高すぎる目標の場合には、楽しみが苦痛になり、義務になり強制になってしまいます。

強いプライドは時に自分を苦しめることになります。

それでは、人生を楽しむことができません。あまりに苦痛であれば、それを改めてもいい、目標を下げてもいい、頑張りすぎないと考えたいと思っています。そう考えると、ずっと気楽になれます。

老後は、何よりも楽しめること、苦痛を減らすことを重視するべきだと私は思います。

壮年のころは、自分を少々犠牲にしても、多少苦痛があるにしても、お金を得るために、目上の人によく思われるために、「しなければならない」ことをする必要がありました。が、お金、社会的地位といったものを考慮しなくてよくなったからには、何よりも重視するべきなのは、苦痛に感じないこと、そして自分の幸せなのです。

◆引き算で考えなくていい

❖一つ一つできることを

老いていく自分を嘆くのは、どうしても「引き算」の思考法になってしまうからでしょう。かつての自分を満点として、そこから自分の現在の力をマイナスとしてとらえ「あれも、これもできなくなった」と考えてしまいます。それではつらくてたまりません。

私は長い間、教育の仕事をしてきました。そこで感じたのは「教育を引き算で行うべきではない」ということでした。教える側は、どうしても理想的な完成体を思い浮かべて「あれが足りない、これもできない」と考えてしまいます。そして、つい生徒を叱《しか》ったり、情けなく思ったりします。ところが、それでは生徒の力は伸びません。

むしろ「あれほどできなかったのに、こんなにできるようになった」「以前よりもできることが増えた」と考え、できるようになったことをほめると、生徒は力を伸ばします。

　また「あれもこれも、まだまだ覚えなければ」「することが残っている」と示してすべてを教えるのではなく、「これさえできればいい。そうすればほかのことも自然にできるようになる」と、限定して指導するほうが効果が上がるのです。きっと、「これさえできればいい」と考えると短期目標ができて、マスターして達成感を感じやすくまた次の短期目標に移れるのでしょう。

　このような「足し算思考」を見事に描く物語があります。ジャン・ジオノという二十世紀フランスの作家の『木を植えた男』です。男は妻子を失ってから、五十代になって荒野に木を植えることを思い立ちます。失敗してもくじけず、こつこつと一本一本植え続け、めげることなく、ついには三十年もそうした行為を続けて森をつくり、自然を蘇《よみがえ》らせます。このような足し算の考えは、大きな力になって、高齢者を力づけてくれます。

ジャン・ジオノ
『木を植えた男』
（あすなろ書房・1728円）
木を植え続け、荒れ果てた地を緑の森に蘇らせた男の半生。

◆完璧主義は卒業でいい

❖ほどほどでいい

完璧主義の人がいます。なんでも完璧にこなしてくれます。そのような人がいると、組織全体がうまく回ります。しかし、ある程度年齢を重ねたら、完璧主義は卒業したほうがいいと私は考えています。

その極端な姿を描くのが、芥川龍之介の『地獄変』です。有名な短編小説ですので、お読みになった方も多いでしょう。平安時代の天下一の絵師、良秀は地獄変の屏風絵《びょうぶえ》を描くように依頼されますが、牛車の中で焼け死ぬ女房の姿を描こうとしてなかなかできず、最愛の娘を焼き殺して、その様子を描きます。見事な屏風絵ができ上がりますが、良秀は完成後に縊死《いし》します。

これは行きすぎた完璧主義の末路だと思います。もちろん、これほど極端な例は日常にはないのですが、多かれ少なかれ、完璧主義はこのように周囲を巻き込みます。

完璧主義の人は仕事をいいかげんに終わらせることができず、どうしても時間がかかります。あれこれと見直し手直しもし、満足のいくまで手放そうとしません。しかも他者にも完璧主義を求めてしまう傾向があります。

そして完璧主義者の最も大きな欠点、それは自分を苦しめてしまうことです。完璧主義者は少しでも傷があると、それを失敗だと考えます。百点でないと気が済まず、まさしく「引き算」の考えになってしまうのです。

人生で百点などあり得ません。ほどほどでいいのです。そもそも最初から完璧に一回で物事が解決する必要はなく、何度かやり直し、みんなの知恵も借りながら、最後にうまくできればいいのです。

完璧にこなさなくても「あ、ごめんなさい。できなかった」を許容し合いたいと私は思います。人間は誰もが失敗をします。失敗をフォローし合って最終的にはうまくいく社会が、よい社会なのではないでしょうか。

芥川龍之介
『地獄変』
（集英社文庫・378円）
わが子の命を芸術の犠牲にした絵師の異常な執念を描く。青空文庫あり。

◆リップサービスはしなくていい

❖安請け合いは百害あって一利なし

「しなければならない」と考えると、どうしても完璧を求めて不足しているものを考えてしまいます。つまり、引き算思考になるのです。そして自分を責め、卑下してしまいます。まさしく負のスパイラルです。

では、どのように考えれば足し算思考になるのでしょう？　私は「……だけすればよい」「することができる」「するほうが好ましい」と考えることにしました。

「準備しなければいけない」とは考えません。「準備のために……だけをすればよい」「……ならすることができる。しなくてもいいけど、できればやってみよう」と考えます。あくまでも目標であって、できなかったからといって引け目を感じることもありません。

「高齢になってあれも、これもできなくなった」とは考えません。「まだこんな楽しみがある」「きょうはこんなことを知ることができた」と考えます。

義務を負った責任ある仕事をする場合は、一人でしょい込みません。できるだけ何人かで協力し合って、時間にも精神にも余裕のある時にするようにします。

いざとなったら、もっと若い人に責任を持ってもらいます。そういう時期に来ているのです。余裕を見て計画を立て、たとえ実現できなくても、それは一つのあり方だと考えることにします。

もう一つ大事なのは、「安請け合いしないこと」です。日本人は特に、相手に嫌われまいと、リップサービスをしてしまいます。私もその一人です。リップサービスで終わればよいのですが、つい「では、今度までに」「私に任せて」などと言ってしまいます。そうして余計な仕事を増やして「しなければならない」を増やし、負担を増やし、できなくなると、自分を責めることになってしまいます。

前に挙げた永井荷風は、まさしく安請け合いをやめ、しがらみを減らし、「しなければならない」をできる限りなくした達人でしょう。私はその姿勢をまねたいと思います。

◆「たかが」「されど」と考えていい

❖気分の浮き沈みの対処手段

人間には気分の浮き沈みがあります。もちろん、私にもあります。時々、私も尊大になります。人にほめられたときや仕事がうまくいった時など、つい有頂天になります。そして、他人に対して増長したり、万能感を味わったりします。そんな時、私は自分に、「たかが自分」と言い聞かせることにしています。

私の書いた本をほめてくれる人もいます。が、「たかが読み捨ての駄本ではないか」と自分に言い聞かせました。実際にその通りです。たいした本ではありません。私の本よりも面白い本、役立つ本も山のようにあります。たかが私の本です。私の大好きな作家たちの著書に比べたら、恥ずかしくて人前に出せません。

逆に私はめげてしまうこともあります。なんと私は力がないんだ、なんとダメな人間なんだと思います。何をしても下手で、何をしてもうまくいかず、才能もなければ根性もありません。また失敗してしまい、醜態をさらしてしまった。そう思うことがたびたびあります。

が、そのような時、「されど自分」と言い聞かせます。「私だって、次にはできるかもしれない。これまでに成功したことがあるではないか。私のことを認めてくれている人もいるではないか」。そう言い聞かせます。「このおれだって、ベストセラーを書いたんだ。小論文の神様ということになっているんだ」と自分を鼓舞します。

「たかが」と「されど」の往復運動の中で私は生きています。そして、その二つを使い分けることによって、バランスを取り、それほど尊大にもならず、絶望に沈むこともなく生きることができています。

この「たかが」と「されど」のバランスは、長年の経験の中で私が身につけた生き方の一つです。どちらかに行きすぎそうになったら、別の方向で考えます。もし、このバランスが取れなくなったら、生きていけなくなりそうです。

◆大勢の中の一人でいい

❖自己愛が強いと生きにくい

「たかが」「されど」の思考法は、自分を相対化することを意味します。

人間は自分を絶対的にとらえてしまいがちです。自分は比べるもののいない絶対的存在ですから、そうなるのも当然です。しかし、他人から見れば、私は大勢の中の一人でしかありません。私がいなくなったからといって、周囲の人にとってはたいしたことではありません。ですから、時に自分を相対化してみる必要があると思うのです。

尊大になったり、ひどく落ち込んだりするのは相対化を忘れて自分で心がいっぱいになってしまっているからです。思春期のころに、尊大になったり落ち込んだりの起伏が激しいのですが、それは自己愛が強く、自分を絶対視してしまうからでしょう。

もちろん、自分を絶対視することも必要です。自分を溺愛することも必要です。自分というちっぽけな存在もいつまでもちっぽけに思っていたのでは、救われません。

自分に対する愛にどっぷりつかり、自分の能力を過信することも必要です。きっとそうすることで人間は成長するのでしょう。スポーツの世界で成功した人は、自分の能力を過信し、理想に向かって努力を積み重ねた人たちでしょう。

しかし、自分を絶対視していますと、まず周囲の人間が鬱陶《うっとう》しく思います。それだけではありません。自分を絶対視すると、自分自身、生きるのがつらくて仕方がないでしょう。生きていくのがつらくなった時、それは自分が肥大化している時だと私は思います。自分のことで頭がいっぱいになって、自分のことしか考えられなくなると、自分を大袈裟《おおげさ》に考えて、周囲が見えなくなり、他人を根拠もなしに軽蔑したり、意味もなく絶望したりするのです。

そんなとき、他者からの視点を考えてみます。それが「たかが」と、「されど」なのです。自分の考えが行きすぎた時に、「たかが自分ではないか。たいしたことではない」と思います。自分を過小に考えてしまった時には、「されど自分だ。棄《す》てたものではない」と思います。そうしてこそ、自分らしく生きていけると思います。

第2章
無理はしなくていい

◆自慢していい

❖過去の栄光は誇って当然

日本では、自慢は悪いこととされています。自慢めいたことを言うのはやめるようにと、多くの人が子どものころから教育されてきているでしょう。そして、自慢する人がいたら、多くの人が不快に思うでしょう。

もちろん、私も自慢してはいけないと教わって育てられましたが、たぶん私は、もともとあまり自慢を口にしないほうです。

けれども、私はしばらく前から、そのことに疑問を持つようになっています。とりわけ高齢者にとっては、自慢は悪いことではないと考えるようになりました。

私の父は大分県の山間部の地方都市で、それなりに社会的地位のある仕事をしていました。そして、九十歳を過ぎて母と二人だけの生活が成り立たなくなり、私がいる東京都の老人施設で暮らし始めました。

父は施設のスタッフの方を相手に、しばしば自慢をしていました。自分や故郷、家族の自慢などです。スタッフの方たちは上手に受け流していましたが、私はあまり自慢をしないように、何度か注意をした覚えがあります。父はだんだんと生きる気力を失って、亡くなってしまいました。

今になって思えば、もっと父に自慢する機会をつくってあげればよかったのでしょう。父は自分が十分に尊敬されないこと、匿名の存在として扱われることに異議を唱えていたのでしょう。

高齢者にとって、過去の自分の活動は自分のアイデンティティー（自己同一性＝自分が自分である感覚）になっています。これから活躍する分野が限定されている高齢者には「過去がすべて」といってもよいかもしれません。

現在の自分の状況に自信をなくし「今はこうだけれど、昔は元気だったのだ」「昔は活躍していたのだ」と自分に、そして周囲の人に示したくなります。そうしたことは、ごく自然な感情です。

私はそのような感情を大事にしたほうがいいと思うのです。

◆過去の栄光にしがみついていい

❖知らない人の中はストレス

高齢者がそれまで暮らしていた土地から離れると、急に弱るといわれます。私の父もそうでした。その父をみとった経験から言わせていただくと、おそらく過去の自慢話をし合える人間を失い、過去の活躍を知っている人との交流を失うのも、弱ってしまう原因の一つでしょう。

私は父に自慢話をやめるよう諭して元気をなくさせてしまったことから、高齢者がかつての輝かしい時代について話したいという自然な感情を禁じないほうがいいと思っています。むしろ、多くの人が自然に自慢し、自分の過去を話題にできるような環境が大事です。そうすることによって、高齢者は心地よく生活できるのでしょう。

自慢は大事な自己アピールです。人間には自分は価値のある人間だと思うことが大事です。ひとかどの人物だったという自慢もあれば、豪傑自慢、モテ自慢、失敗自慢もあるでしょう。

いずれにせよ、ほかの人とは異なる自分のストーリーを語ることが大事なのです。それをなくしてしまうと、自信や尊厳を失い、やる気も失います。自分の価値をしっかりと認識して生きることが大事です。

私もこれから未知の人と話す機会があったら、自慢を抑えるのをやめようと思っています。もちろん、自慢ばかりしたのでは相手を不愉快にするばかりです。自慢するには、実はそれなりの手順とテクニックがあるのです。ここが肝心なのですが、具体的には後の回でお伝えするとして、折を見て上手に自慢をしたいと思うのです。

自慢しないで、誰にも自分の価値をわかってもらえずに悶々《もんもん》と暮らすよりも、アピールするところはして、すっきりと過ごすほうがどれだけ楽しいことでしょうか。

組織から離れて一人で生きていくとき、かつての活躍、かつての輝かしい行動などを知っている人が少なくなります。それを他人にわかってもらうためには、少々自慢をしてこそ、楽しく生きていけると思うのです。

◆自慢会をすればいい

❖「話す」と「聞く」はワンセット

数人集まって飲み食いし、おしゃべりをして「ああ楽しかった」と思うことが、誰にでもあるでしょう。その時は、ほとんどの場合、心ゆくまで自慢話をしているのではないでしょうか。まっすぐの自慢話ではないにしても、なんらかの自慢や自分の活躍、輝かしい体験が話されているはずです。

名優ダスティン・ホフマンが初めて監督したことで話題になった映画『カルテット！　人生のオペラハウス』をご記憶の人も多いでしょう。

名高い音楽家専用の老人ホームに入居するかつてのオペラのスター歌手たちが、ぶつかり合いながら過去のさまざまないきさつを乗り越えて、最後に威厳ある老後を実現するためにヴェルディのオペラ「リゴレット」の四重唱を歌う感動的なストーリーでした。

この老人ホームでも、入居者たちはしばしば自慢めいた話をしていました。中には不愉快に思う人もいたようですが、楽しい自慢もたくさんありました。高齢者は自慢している時が一番楽しいのです。なのに現実の日本の老人ホームで自慢がなされないのは、それが悪いことだと思われ、そのような機会がないからではないでしょうか。

ただし、注意する点があります。自慢は一方的にされると、こんな不愉快なことはありません。もし数人が話をしていて、一人だけが黙ってほかの人の自慢話を聞いていたとすると、自慢しなかったその一人はきっと不愉快に思っているでしょう。

自慢は誰か一人ではなく、そこにいる人みんながし合ってこそ、お互いに楽しいものになりますし、決して悪いものではなくなるのです。

みんなが「自慢をしてはいけない」という思い込みを捨てて、存分に自慢できる環境がこれからは必要なのではないでしょうか。

『カルテット！　人生のオペラハウス』
2013年公開の英映画。ダスティン・ホフマン監督、マギー・スミスら出演。

◆自分をネタに笑っていい

❖自慢できるものを意識する

私の父や母は高齢になっても恥の意識を持っていて、むしろ若い人よりも強いのでは、と思うことがしばしばありました。おしゃれをしようとしましたし、できないことや人より劣ることにも恥を感じていたようです。

物わかりのよい温和な母が、老人ホームで子どものように駄々をこねて、入居者と行動を共にするのを嫌がることがありました。理由は、ほかの人ができるのに自分ができない体操やピアノ（タブレットのアプリの鍵盤を映し出したものでしたが）などでした。母はできないことを恥ずかしいと思い、出席を拒んで「みんな上手なのに、私だけできない」と言い続けていました。

そんな母を見ていて、恥の意識をなくすことはできないけれど、それに代わるのが自慢できるものを意識することではないかと感じました。私もきっとこれから恥の意識を持ち、劣等感にさいなまれることがあるでしょう。それを克服するためにも自慢できることをつくっておきたいと思います。しかし、時に嫌みな自慢、不愉快な自慢があります。自慢にもテクニックがあり、それを上手に使えないと、嫌みになってしまうのです。

上手な自慢のテクニックを二つ紹介します。一つは、自己卑下を加えることです。「私は若いころ、甲子園大会に出場したことがある」というのは自慢です。しかし「控えの選手で、打席に入ったのは大差で負けているときにピンチヒッターで、しかも三振だったけどね」と付け加えると、それは嫌みな自慢でなく、面白い話に転化します。

それほどレベルの高い自慢である必要はありません。「私は何人もにモテた」「仕事を成功させていた」「家庭の主婦として理想的だった」といったことも自慢できます。それも「モテモテのわりには恋愛に失敗してばっかり」「失敗して社長にひどく叱《しか》られたことがあった」「料理は苦手だった」などと加えるだけで、嫌みでなくなります。

◆古いネタの自慢でもいい

❖嫌みがなく面白い自慢話

自慢を嫌みでなくするための第二のテクニック、それは情報を交えることです。

「このバッグすてきでしょ！　シャネルの人気商品なのよ」と言えば、単なる自慢ですが、この後に「これ、駅の裏のお店で買うと三割引きで手に入るのよ」と言えば、それは聞く側にとって、ありがたい情報に変わります。このように情報を上手に加えるのです。

「おれ、モテるんだ〜。こないだも最高の美女とデートしたよ！」というのは自慢ですが、「モテるためには、こうすればいいんだよ」という情報が加われば、誰もが喜んで聞いてくれます。

ただ、高齢になって自慢するとしても、過去のことがほとんど。「古い情報を聞いても、誰もありがたいと思わないよ！」と思われる方がいるかもしれません。

しかし、古くてもいいのです。高齢者が持っている情報は、たとえ過去の話でも、そこには往々にして、長年の人生経験で培われた知恵が潜んでいるからです。場合によっては、面白い裏話になることもあります。「私はモテていた。それにはコツがあってね……」「私は企業の部長として次々と取引を成功させていた。それにはコツがあってね……」というように知恵や裏話が加わっていたら、その場にいる人と話ははずんでいくでしょう。

私は、このように、うまいテクニックを用いて上手に自慢したいと思っています。もし、あなたの身近で高齢者が下手な自慢をしていたら、もっと上手に自慢するようにアドバイスしてあげましょう。自己卑下や情報を加えれば、上手な自慢になることを教えてあげましょう。

そうすることで、コミュニケーションが増え、みんなが自慢し合うような環境が生まれて、誰もが自分に自信を持ち、明るく生きていけるようになるでしょう。だから自慢することをもう遠慮しなくていいのです。

◆見栄を張らなくていい

❖背伸びせず正味で生きる

私は、自慢と見栄《みえ》とは別のものとしてとらえたいと思っています。

昔から、さまざまな物語で見栄を張る老人が笑いものにされています。そのような話は、小説や映画にもたくさんありますが、落語になると、そのオンパレードといってよいほどです。「おなら」の上品な表現を知らないお坊さんが知ったかぶりをする「転失気《てんしき》」、ご隠居さんが有名な和歌の珍妙な解釈を披露する「ちはやふる」などが特に有名です。

自慢というのは、実際に自分が実績あるものについて、他者にわかってもらおうとすることです。それに対して見栄というのは、実際にはそうでないのに、自分を高く見せようとすることです。

私は高齢者は自慢はしていいけれど見栄を張るべきではない、いえ、もっといえば、老人はもう見栄を張らなくていいのだと思うのです。

壮年の間は、見栄を張らざるを得ないことがあります。お金がないのに、それなりの格好をしなければならない時があります。寄付金をはずまなければならないこともあります。大きなことを口にしなければいけない時もあります。それもこれも、自分を大きく見せて信頼を得て、なんらかの利益を引き出すためです。

しかし、老人になるともっと素直でいられます。知らないことは知らないと言えるのです。「昔は詳しかったけれど、トシのせいで忘れた」と言っておけばよいのです。落語のように、知らないのに知ったかぶりをする必要はありません。先ほど紹介した落語に出てくる知ったかぶりの老人たちは、老人になってもう見栄を張らなくてよいのに、それをわきまえずにまだ壮年のつもりで見栄を張っている人たちなのです。

見栄という重荷を捨てて、背伸びして無理をしなくて済むと考えると、ずっと気楽になれるはずです。正味で生きていけるのです。これほど自由なことはありません。

◆おだてるくらいでいい

❖いくつになってもうれしいこと

子どもはほめられれば、自分から率先して行動するようになります。上手にほめるのが子どもを伸ばす効果的な方法だということは、たびたび言われてきました。

そのことは、子どもに限りません。大人でもほめられると悪い気はしません。若い人にぜひ知っておいてほしいのですが、実は、企業や組織の上層部にいるような、ほめられることとは無縁で、人から「あなたはほめる側の立場でしょ?」と思われる「オジサン」「オジイサン」でも、「ほめられるとうれしい」という人が少なくないのです。

私自身のことを考えても、人にほめられることを求めている面がたくさんあります。年下の友人にも、部下にも、それどころか息子や娘にもほめてほしいと、しばしば心の奥底で思っています。

孤独な高齢者になると、それはいっそう高まるだろうという予感があります。高齢になってもきっとほめてほしいし、少々大袈裟《おおげさ》にほめてもらえるとなおさら、うれしいものでしょう。ですから、今のうちから他者をほめることを心がけたいと思っています。ほめられれば、礼儀としても相手はほめ返してくれるものです。つまり、ほめ合う関係ができます。

会員制交流サイト（SNS）などでも、まずは投稿した人をほめるのです。お互いにうらやましがり、よいところを見つけ合い、尊重し合います。その関係が心地よいコミュニケーションをつくります。

先に紹介した映画『カルテット！ 人生のオペラハウス』でも、自慢するだけでなく、互いにほめ合う場面がしばしばありました。そしてそれは円滑なコミュニケーションに結び付いてもいました。

高齢者同士がほめ合い、互いに自信を持ち、自慢に思うことを増やし合うのは、理想的なことではないでしょうか。「キレる老人」より、自信を持って明るく過ごす高齢者の多い社会になってほしいものです。

◆愚痴をこぼしていい

❖文学の多くは愚痴から生まれる

文学作品の多くは社会に対する愚痴ではないかと、個人的には思います。個を通したいが社会の抑圧のためにそれができない、その愚痴を昇華したのが文学だと思うのです。

特にロシア文学にはそうした作品が多く、例えばゴーゴリの『外套《がいとう》』は、新調した外套を盗まれ、死んだ後も幽霊になって外套を求め続ける、しがない下級役人の愚痴の発露のような作品です。ドストエフスキーの『罪と罰』でも、マルメラードフは主人公ラスコーリニコフに壮大な愚痴を聞かせ、それがこの大傑作の重要な発端となっています。太宰治や日本の私小説の多くも、人生に対する愚痴を連ねた要素があるといえるでしょう。

愚痴も自慢と同じように嫌われますが、私は文学が人間にとって必要不可欠なものであると同様、愚痴もまた人間に必要で、遠慮せずにこぼしていいと考えます。

世の中は不満に思えることだらけです。高齢者はとりわけ不満を口にします。身体が思うように動かなくなり、周囲も自分を重んじなくなる。その不満が家族へ向くのは当然ですし、デイケアやリハビリや老人ホームの催しなどに加わっても、それらはどうしても一律なので、一人ひとりにしてみれば不満が残ります。それが愚痴につながります。

愚痴は、不満を明確に口にできない時、ぼそぼそと非公式の場で語るものです。公式な場で議論して説得力がある不満を、愚痴で言う必要はありません。愚痴には本音が表れます。正当ではない、言っても仕方がないとわかっているけれど、言わずにはいられない本音が愚痴の形で出るのです。ため込まずに口に出すのですから、本人にはストレス解消になります。周囲には少々鬱陶《うっとう》しいでしょうが、不満の表れですので不愉快に思って聞こえないふりをするのではなく、明るく対応してあげてはどうでしょうか。

◆
悪口も言いたい時は言っていい

❖悪口を言うと意気投合

愚痴の中には周囲を不愉快にするタイプのものがあります。周囲を不愉快にしないために、私は愚痴をこぼす際には次のような条件を守るつもりでいます。

第一には「会話中ずっと愚痴ばかりを、とりわけ同じ愚痴を繰り返し言わない」ことです。本音の吐露であるからには、たまに口にするのは仕方がありません。しかし年中語っていると、それはたまに漏れる本音ではなく、自分で自分を暗くする呪文や暗示みたいなものになってしまいます。周囲からも嫌われ、孤立しかねません。

第二に「愚痴を攻撃や悪口代わりにしない」ことです。目の前にいる人に攻撃の代わりや怒りの吐露として言う言葉は、もはや愚痴ではありません。相手を不愉快にするばかりでなく、敵対させます。

あくまでも、愚痴は自分に向けたもの。「ああ、また歩かなきゃいけない。もう疲れたよ」「おれにはそんなの無理だよ」などというのがそうです。周囲の人が笑いを漏らすような好ましい愚痴を口にしたいと思います。

また、自慢や愚痴とともに嫌われているのが、他者の悪口でしょう。もちろん、悪口を言わないに越したことはありません。とはいえ、人間には好き嫌いがあります。嫌いな人がどこにでもいるし、嫌いな人からひどい目に遭わされることがあります。客観的にはそうでなくても、高齢になると、そうとらえてしまうということもありそうです。

人と人が意気投合し、心の底まで理解できるのは、多くの場合、共通の人間の悪口を言う時です。例えば、老人ホームにいる高齢者が、ヘルパーやケアマネジャー、リハビリ担当者の悪口や、同じ入居者の悪口を言ったりします。

私はそんな悪口を封殺しなくていいと思います。もしかしたら、言われたほうに至らぬところがある場合もあるかもしれません。明るく口に出して、改善につなげたらいいと思います。

◆まじめでなくていい

❖きれいごとだけでは苦痛

「年寄りは仙人のような境地で、すっかり枯れているに違いない」。そう思っている人がいます。私も若いころはそうでした。しかし自分が高齢者になり、後期高齢者を近くで見るにつけ、これは完璧な誤解だと自信を持って断言できるようになりました。

川端康成に『眠れる美女』という名作があります。六十七歳の老人が、眠った裸の美女と添い寝をする秘密クラブに入会し、何人もの女性とベッドを共にします。老人の若い女体への憧れや亡き母への思いなどが重なり、人間の心理の奥底が描かれますが、エロチックな文体に多くの人が惹《ひ》かれることでしょう。六十歳を過ぎて発表された作品ですが、性的な執着がなまめかしく表現されています。

同じ川端の『山の音』も、息子の嫁に対する性的執着を描きます。もう一人の文豪、谷崎潤一郎にも、晩年に『鍵』や『瘋癲《ふうてん》老人日記』などの老人の性的な欲望を赤裸々に描く小説があります。これらの小説に描かれる老人たちの心理は特殊なものではないと、老人になった私自身が強く感じます。欲望を表に出してトラブルにしてはいけませんが、仙人のようでないからといって少しも恥ずかしいことではないと思います。

高齢になっても、恋愛にドキドキするものです。性的な衝動を覚えます。ギャンブルをしたい気持ちも起こります。酒の力を借りて羽目を外したくなることも、大笑いや大泣きしたくなることもあります。トラブルになってしまうのは、それらの感情をずっと抑えておいて爆発するからでしょう。きれいごとの中に高齢者を押し込めて、邪《よこしま》な欲望がまるで存在しないかのようにしてしまうと、誰もが息苦しくなってしまいます。私はちょっと不良でちょっといやらしくてちょっとだらしない高齢者に見られたい。そう思うと、かなり楽に生きていけそうです。

川端康成
『眠れる美女』
（新潮文庫・529円）
みずみずしい娘の肉体を透かして見つめる、老人の死の相。

◆起こったことにじたばたしなくていい

❖もう運命は変えられない

しばらく前まで、私の座右の銘は、最も愛する作曲家ベートーヴェンの「運命ののど首をつかんでやる」という言葉でした。

運命に定められた通りに生きるのではなく、自分の意志によって自分らしく生きていこうという、いかにもベートーヴェンらしい考えがこの言葉に表れています。フランス革命後の、神や王権の奴隷として生きるのではなく、自分の意志で世界を変革させようという近代精神を象徴するものといえるでしょう。

しかし、高齢になった現在、私がこの世界観を共有するのは難しそうです。人間は宇宙の中で生まれ、その中で生かされています。そして、その中で死を迎えなければなりません。じたばたしても、たかが人間の力ですので、微々たるものです。人間の力で運命を変革させるのは、少なくとも高齢者のできることではありません。

仏教に「因縁所生《いんねんしょしょう》」という言葉があるそうです。自我というものには実体がなく、すべてがたまたま因縁があって仮にでき上がっているだけのものであり、自分と関係なしに世界はすべて成り立っていく。そんな意味だそうです。

大災害が起こったとします。大きな破壊が行われても、その後に動植物は育ち、人間も次の生活を築き、しばらくすれば落ち着いた世界を見せます。悲惨な災害を知らない人にとっては、ずっと昔からそのようであったと錯覚するようになります。そして、それが続いていきます。人間はその中で、その時々を生きていきます。

もちろん、災害を減らし、人為によって社会を安定させる必要はあるでしょう。しかし、過去も、人間の老いや死も、変えることはできません。変えられない以上、起こったことを肯定し、過去に対する考え方を変えるしかありません。

過去をすべて起こるべくして起こったとみなし、受け入れ、与えられた人生を全うする。自然に即し、無理に何かを変えようとしない人生を送ることのほうが大事だと思うのです。

◆自分でできなくていい

❖遠慮せず堂々と手助けを求める

自分のことは自分でするのが人間の原則です。自分の意志で決め、自分の身体で動き、実行します。しかし、高齢になるとそれが不可能になります。自分で動けない。いろいろなことで他人を頼るしかなくなる。そうなると惨めに思ったり悲しくなったりして、生きる気力を失いがちです。情けなくも思い、人に依存するのを潔しとしたくなくなります。

しかし、そのような考えも改めていいのではないでしょうか。人に依存できること、自分にできないことは堂々と依存するのが、高齢者の心得だと思うのです。できないことは得意な人に頼むほうがお互いにスムーズに物事が進みますし、高齢になって動けなくなったら、手助けを頼むのは普通のことです。

赤ん坊は自分で何もできません。大人に世話を焼いてもらって生きていました。その時大人だった人が高齢になって役割が交代した、それだけのことです。赤ん坊の時に世話をしてあげた人が、今度は立場が逆転して、世話をしてくれるかもしれません。別の人が世話してくれる場合でも、その人も赤ん坊の時には大人の世話になったのです。

そもそも人間は一人で生きているのではありません。支え合って生きています。現在、生きている人間たち同士だけではなく、過去に受けた恩を、後になって返す支え合いの仕方もあります。過去に恩を受けた人が亡くなっている時には、そのお子さんやお孫さん、ひいてはほかの若い世代の人に返すこともあります。そのような支え合いのシステムの一端に自分がいると思うのです。

人間は個人として、幸せと生きがいを求めて生きています。それらは同時に、地域や国、そして人類全体の幸せや生きがいともつながっています。そうであれば、私個人に受けた恩も日本人、さらには人類の一人への恩としてとらえることができます。

したがって、日本人の一人として別の日本人の一人に恩を返すのは当然のこと。逆の立場で、支えを受ける時にも、遠慮しなくていいのです。

◆ブレてもいい

❖変わらないのは不自然

「ブレない」という言葉を近年、よく耳にします。とりわけ、「ブレない」がリーダーの原則になっているようです。総理大臣も野球やサッカーの監督も、「ブレない」ことを何よりも大事にします。このところ、そのような傾向が強いようです。

ブレないとは、一貫した方針のもと、何が起ころうとその方針を貫き、それを守ることです。もちろん、それは大事なことです。リーダーがブレたのでは、部下たちはどうしてよいかわかりません。ですから、確かにリーダーにはブレないことは大事なことでしょう。

しかし、リーダー以外の人の多くについては、私はブレてもかまわないと思うのです。以前に話したことと次に話すことが矛盾していると、誰かから指摘され批判されます。自分自身でも、以前の態度と矛盾すると、それを気になって黙ってしまいます。

私は、人間がブレるのは当然だと思うのです。自分の方針が間違っていたのではないかと考えると、迷ってしまって、それまでの方針を変更します。すなわち、ブレます。とりわけ、高齢者はブレます。体調や自分の状況に応じて、考え方が変わってきます。ずっと同じ態度をとれることのほうが不自然です。

多くの人が、ブレまいとして無理をしているのではないでしょうか。「前はこのようにしていたのだから、今さらそれを変えるわけにはいかん」「前にこう言ったので、今さら、それを覆すわけにはいかない」。そう思って、やせ我慢をしている人が多そうです。

私はそのような無理をするくらいなら、さっさとブレてしまうべきだと考えます。そして、堂々と、「トシを取ったのだから、前とは違う考えをする」「状況が変わったのだから、考えが変わって当たり前だ」と言えばよいのです。

ブレることを気にするのは、リーダーに任せましょう。ブレることとは、状況にしなやかに適応していることを意味します。どしどしブレて、そのたびごとに別のことを願い、別のことを考えてよいのだと私は思います。

◆過去の偽造をしてもいい

❖よい思い出に変えてしまう

政治家が過去を偽造することは許されません。すべての国に都合の悪い過去の歴史がありますが、そこにふたをすることはできません。

しかし、個人が自分の過去の思い出を偽造し、つらい思い出をだんだんと忘れて、よい思い出ばかりを残す、ということはあってしかるべきだと私は思います。それこそが人間の自然な態度だと思うのです。

私の人生も楽しいものばかりではありませんでした。つらい時期がありました。思い出したくない出来事もたくさんあります。しかし、長い年月が経つと、そうしたこともよい思い出になっていきます。悪い思い出も自分の成長の物語としてとらえられるようになりました。年月が苦しみを洗い流したということになるでしょうが、実はやはり無意識のうちに過去を偽造しているのだと思います。

十数年前、小学生のころのクラス会に出席したことがあります。五十年ぶりくらいに何人かの友人に再会しました。そして、話をしているうちに気づいたことがあります。それぞれ覚えていることが違うのです！

「一緒にこんなことをしたよなあ」と話すのですが、相手はそれを覚えていません。逆に、その友人の思い出に私はまったく覚えがないのです。自分がそのようなことをするはずがないとさえ思えます。同じ出来事についても、詳細については記憶が随分と違います。どうやら、自分に都合のよいように変えてしまっているようなのです。

人間の耳には必要のない音はカットして、必要な音だけが聞こえるようになる機能が備わっていると聞きます。それと同じように、人間の脳には、都合の悪い思い出は時間とともに消去してしまったり、都合よく改変する機能があるのでしょう。

つらい思い出をいつまでも覚えておく必要はありません。つらい思い出であっても、そこに何らかの物語を付与して一つの苦労物語にすればよいのです。それも人間の知恵の一つとして許容するべきだと私は思います。

私は過去の思い出をよい思い出にして、これから生きていきたいと思っています。

第3章
気をつかわなくていい

◆「予定変更」が前提でいい

❖思うようには進まない

計画的に物事を進めようとする人がいます。さまざまな可能性を考え、その対策もできるだけ前もって準備しておき、あらゆることに備えようとします。もちろん、それはそれで大事なことです。しかし、世の中は複雑です。思い通りにいくものではありません。現実の生活でも、小説の中でも、良かれと思ってしたことが逆効果になったり、あるいは意地悪でしたことがむしろ相手に幸いしたりといったことがしばしば起こります。

一例だけ挙げると、スタンダールの有名な小説『赤と黒』のジュリアン・ソレルは周囲の人を道具にして出世の道を歩もうとしますが、出世の手段にしようとした女性を愛してしまいます。その女性、レナール夫人のほうは、ジュリアンに惹《ひ》かれる自分を抑えるために遠ざけようとするのですが、そうすればするほどジュリアンとの距離が狭まります。スタンダールやバルザックらのフランスの名作小説の多くが、そのような意図と結果の行き違いから成っているといえるほどです。

自分自身のことでもそうです。子どものころに夢見た仕事をそのままにしている人は少ないでしょうが、私も十代、二十代、それどころか三十代のころに思い浮かべていた自分の職業と、今、私が行っている仕事はかなり異なります。自分のしたいことだけしたのではどうにもならず、必要とされる仕事、求められる仕事、生きていくことのできる仕事を探しているうちに、今のような文章指導や文筆の仕事を始めました。多くの方がそのように仕事をなさっておられることでしょう。

これからの人生も同じです。思う通りにいくはずがありません。それを頭に入れて、逸脱しても当然で、予定はいつ変更になるかわからないと心得ておきたいと思います。そして、もっと流れに任せて気楽に生きていきたいと思います。

スタンダール
『赤と黒』
（新潮文庫・〈上〉724円、〈下〉907円）
野心を抱いた青年の恋の行方。

◆ぎすぎすしない、南国気質でいい

❖遅れたところで何を急ぐ?

前にも述べましたが、タイでよく「マイペンライ」という言葉が使われるそうです。「気にするな」「なんとかなるよ」「気楽にいこう」というような意味です。タイに関心を持った方や旅行した方の多くが、ガイドブックなどに「タイ人気質」としてこの言葉が挙げられているのをご覧になっているでしょう。

私は昨年、タイ旅行をしましたが、列車の一時間ほどの遅延は当たり前でした。また、アユタヤ駅構内のカフェでは、列車の時刻まで十分な時間があったので軽食を注文したのになかなか食事ができず、催促しても、ウエートレスさんは「まだ大丈夫」というばかり。私は強く催促して何とか間に合いましたが、同じ列車を待っていた西洋人カップルは、ウエートレスさんの言葉を真に受けて、列車に乗り遅れました。

私が列車の中から見たところでは、ウエートレスさんはそれをまったく気にしている様子はありません。私はこれまでタイに七回、旅行しましたが、そのようなことは数えきれないほどありました。

タイの人に限らず、南国の人にはこのような気質があると言われています。先進国になれない国の特徴として語られることもあります。けれども、これからの高齢者は少し南国気質を持っていいと私は思います。高齢者はもう十分に働いてきました。とりわけ、団塊の世代から上の人たちは、高度成長期に仕事を任され、家族や社会を必死に支えてきました。そして、すでにそれを卒業したのです。

引退したということは、仕事だけでなく心の持ち方も、経済成長を支えた必死さから卒業していいのではないでしょうか。何かがあっても「マイペンライ！」と心の中でつぶやいていればよいのです。これから、そのような態度を南国に学びたいと私は思っています。

昔のぎすぎすした考え方を続けていたら自分にもストレスがかかり、周囲の人も居心地悪くさせるばかりになってしまいそうです。

◆頑張らなくていい

❖時間を味わうぜいたく

近代の社会では、努力すること、頑張ることがプラスとされてきました。できるだけ努力し、今日できることは今日中にやってしまい、根を詰めて、時には徹夜してまで仕事に切りがつくまでやり遂げる。そうした行為を美徳とする風潮が続いてきました。

しかし、言うまでもありませんが、それは壮年期までの美徳です。高齢になったら、時間を節約する必要はありません。頑張ってしまうと、翌日にすることがなくなってしまいます。

自然界を見ても、動物が根を詰めて必死に物事にかかわるのは、獲物を取る時だけです。その時にしないと獲物を逃がしてしまうから、急ぐのです。一刻を争うのです。

それなのに、私たちはかつての癖がついてしまっているために、高齢になってもつい時間を節約して急いでことを終わらせようとし、あくせく努力してしまいがちです。それではあまりに時間がもったいない。もっと言えば、一時、一時の積み重ねが人生ですから、人生がもったいないではありませんか。

これから、私は明日できることは明日に延ばし、早く終わらせようとしないで、できるだけ引き延ばしてそのことを楽しみたい、ゆっくりと時間を味わいたいと思っています。人生はほどほどでいいのです。明日できることをきょうやってしまったら、明日の楽しみがなくなってしまいます。

もちろん、仕事があって、期限までにそれを終わらせなければならない時には、ある程度は急がなければならないでしょう。しかし、もう六十五歳を過ぎた私に、これからそのような仕事はあまり求められないでしょう。

そもそも、「努力する」とは、現在の自分を否定して、より高い目標に自分を追いやることです。見方を変えれば自分をいじめることでもあります。しかし、現在の自分でよい、もっと上を目指す必要はないと考えれば、努力する必要もないのです。無理をせず、自分をいじめず、ほどほどにして毎日を楽しみたいものです。

◆トシのせいにしていい

❖ほどよくサボろう

仕事をしている時代には、何でも引き受け、何度も成功させるのが、出世の秘訣《ひけつ》です。とんとん拍子に出世する人間というのは、あちこちに顔を出し、仕事を自分から求め、また強引にふりわけられても断らずに引き受け、しかもそれをうまく成功させる人間です。

中にはそれを上手にこなしていく人間がいます。そうし続けて、大成功を収めた人もたくさんおられるでしょう。私もそれなりには努力した一人ではありますます。

しかし、私はそれだけでは人間としてあまりに余裕がなく、寂しいと思います。ずっと仕事を続けるのではなく、一息つき、自分を顧み、息抜きをし、娯楽や文化を楽しみ、自分らしい生活をするのが、「人間らしさ」といえるものでしょう。

そうした自分らしい生活、人間らしい生活がこれまでできなかったとしたら、高齢になった時期こそ、できるようになったと考えていいのではないでしょうか。

残された時間を人間らしく生きるために、私は、何でも引き受けるのをやめたいと思います。自分から言いだしたりするのは、よほどの場合だけ。何かを引き受けることがあっても、根を詰めず、なるべくサボる方法を考えます。

責任をたくさん背負って仕事をしていた若い時には、サボるのはなかなか大変でした。しかし、高齢になったら、サボるのは簡単です。年齢のせいにすればいいのです。「もうトシだからなあ、疲れてどうしようもない」「トシのせいで、根を詰めてできないんだ」と言えば、誰もが納得してくれます。

もちろん、あまりに頻繁にこの手を使うと魂胆がばれてしまいますが、私はできるだけ、気が進まない時、やる気が起こらない時には、上手にトシのせいにしたいと思います。そして、できるだけ人生を楽しむことにします。

そうすることで、自分にとっても、周囲にとってもストレスのない、穏やかな生活にできるでしょう。

◆余計な心配はしなくていい

❖世の中、全部冗談だ

名作オペラに登場する人物の中で最も人気がある老人といえば、ヴェルディの最後のオペラ『ファルスタッフ』の主人公でしょう。八十歳を前にした晩年のヴェルディが、シェイクスピアの喜劇『ウィンザーの陽気な女房たち』を題材に創《つく》ったオペラです。

主人公のファルスタッフはでっぷりと太った老人ですが、自分は女性にもてると思いこみ、二人の人妻に言い寄って傲慢《ごうまん》な態度を示し、最後には懲らしめられます。ところが、これが不思議に憎めないキャラクターなのです。どこまでも楽天的で、立ち直りが早く、しかもファルスタッフのおかげで結果的に、若い男女が愛を成就できます。

そして最後、ファルスタッフは、自分を懲らしめた男女とともに、「世の中全部冗談だ。人間すべて道化師」と高らかに合唱します。

高齢者は悲観的になりがちです。あれこれと心配し、さまざまなことを不安に思います。私の母も、入居している老人ホームに私が数日行けなかっただけで、「何か大変なことが起こったのではなかろうか」と心配を始めます。また、少しの間、懇意にしているヘルパーさんが休みをとっただけで、その人に不幸が起こったに違いないと思ってしまいます。心配がいつのまにか強迫観念のようになってしまうようです。

もちろん、高齢者には自分の将来、病気、家族の状況など、不安がたくさんあるでしょう。耳が遠くなったり、認知症が入ってきたりすると、不安にさいなまれるのもわかります。しかし、私は時に、「世の中全部冗談だ」と言ってのけるファルスタッフの楽天的な視点を持ちたいと思うのです。

先々のことを考えて不安に思うよりは、今の自分を充実させることを優先させようと思います。不安に思ったら、それが考えすぎで、視点を変えれば余計な心配ともともとれることを、自分に言い聞かせることにします。そして、今という時をもっと楽しもうと思うのです。

◆他人任せにしていい

❖誰かがなんとかしてくれる

これまで何度か、「マイペンライ（なんとかなる）」と考えて気楽に生きることの効用について書いてきました。実際、日常生活での心配ごとのほとんどは、なんとかなるものだと私は思います。

けれども「取り返しがつかない」と考えるから、焦ってしまいます。「このままでは大変だ」と思うから、あれこれ気をつかい、備えようとします。しかし、命さえ保っていれば、ほとんどのことがなんとかなります。心の底で「なんとかなる」と思っていれば、余裕が生まれます。

私自身、若いころは「取り返しがつかない」と思ったことが何度もありました。大変なことをしてしまったと悔やんだこともあります。大失敗や大失策、道義的な大きな罪をおかしてきました。まだ私を許してくれていない人もいるかもしれません。

しかし、今になって振り返れば、それらも実際には「取り返しがつかない」ものではありませんでした。ですから今、なんとかこうしていられます。多くの人がそうでしょう。アメリカの実業家D・カーネギーも、著書『道は開ける』で「悩みや不幸の大部分は想像の産物であり、現実のものではないといわれている」と書いています。

自分でなんとかできない時には、誰かがなんとかしてくれます。「ごめんなさい」と言っていいのです。誰もしてくれそうもない時は、してくれるようお願いしてみましょう。それがダメでもまだ道はあります。

これまでの人生で、誰かの失敗を、その人に代わってフォローした経験のある人は多いでしょう。ですから、今度はしてもらっていいという心構えでいましょう。ただ、もちろん、してくれる人には感謝の気持ちを忘れないことも大事です。かつて自分が人の代わりにしてあげた時、感謝の言葉を言われたら、うれしかったはずですから。

◆他者を信用していい

❖社会は持ちつ持たれつ

「なんとかなる」という楽天性の根本にあるのは、他者への信頼、言い換えれば他者がなんとかしてくれるという信念でしょう。最も情けないのは、他人を信用できなくなって疑心暗鬼になってしまうことです。

民族や宗教差別という微妙な問題が背景にあるためか、最近ではあまり読まれなくなりましたが、『ヴェニスの商人』はかつて、シェイクスピアの代表作とされていました。貪欲で邪《よこしま》なユダヤ人の金貸しシャイロックは、キリスト教社会を敵視し、誰をも信じず、疑心暗鬼になっている人物の代表でしょう。

彼は、結婚する友人のためにお金を工面しようとした商人アントーニオに、借金のかたとして胸の肉一ポンドを要求します。ところが、アントーニオの友人の結婚相手で知的な女主人公ポーシャの機転によって反撃され、むしろすべての財産を没収されそうになります。シャイロックの純真な娘に免じ、キリスト教に改宗することで救われますが、社会を敵視して自らを破滅に追いやる多くのドラマの原点がここにあるといってよいでしょう。

私はシャイロックのようにはなりたくないと思います。他人を疑い、みんなが悪意を持っていると思うようになると、自分の中に閉じこもり、身勝手な行動をとってしまいます。そして社会と対立し、人生が楽しくなくなります。

もちろん、人をだまそう、ごまかそうという人間はたくさんいます。そのような人に対する用心は必要でしょう。しかし、基本的に社会はそれほど非人間的ではありません。助けてくれる人は大勢います。人間の善意を信じてこそ、穏やかに生きていけます。ですから、人間と社会を信用しましょう。

社会は持ちつ持たれつです。一人が他者の面倒を見る一方で逆に面倒を見てもらいつつ、成り立っています。社会の一員である以上、他者を尊重し、頼りにしていきましょう。

◆理屈で考えなくていい

❖人生は行き当たりばったり

私たちの社会生活には理詰めで成り立っている部分が多くあります。組織内での行動には、論理的な理由があります。「なんとなく」「そうしたいから」した、では通用しません。なぜそのような企画を立てるのか、なぜ実行するのか、なぜ失敗したのか、次にどうするべきか。そのようなことを考えて行動します。そのような説明も求められます。

近代社会というのは、理性によって成り立っている社会です。科学に基づき、理性的に社会を運営し、市民全員が法律という理性的な言葉に基づいて行動することが求められています。しかし、こうした社会は、しばしば抑圧も生み出します。

人間は本来、理性的にはできていません。理性的な人間は、飛行機事故などは統計的には無視できる数字であり、飛行機は最も安全な乗り物だと考えるかもしれません。

しかし、私はあんな重いものが空を飛ぶことを不自然に思い、飛行機に乗る機会がある時にはしばしば、かなりの覚悟を抱きます。

シャーロック・ホームズを主人公にしたコナン・ドイルの小説など、たくさんの推理小説があり、私は大好きでよく読むのですが、しばしば不信感にとらわれます。小説では、登場人物は理性的な行動をとることが前提です。犯人がすぐに自分の仕業とわかるようなことをしたり、あまりに矛盾した行動をとると、それは出来損ないの推理小説とみなされてしまいます。犯人も理性的に行動し、それを探偵が理性的に追いかけていくのです。

が、実際には、犯罪はほとんどの場合、行き当たりばったりに、非理性的に起こるだろうと思うのです。ミステリーは近代工業社会の理性主義を反映しています。

高齢者になって現役を引退したということは、無理やり理性的に生きるのを強制されずに、本来の人間らしく、非理性的に生きることが可能になったということでもあります。これまで発揮されずにいた非理性の部分を、久しぶりに表に出すのもとても心地よいことだと、私は思います。

◆やり遂げなくていい

❖「今、ここ」を示すアドラー

若い間の仕事は終わらせることを目的とします。仕事は終わってこそ意味があります。終わらなければ、報酬は支払われませんし、そもそも仕事をしたことになりません。

しかし、これから私がしようとしていることは、ほとんどが完成しなくてよいことです。利益を目指していませんし、自分で満足すればよい仕事がほとんどですので、途中で終わってもほかの人には大きな迷惑はかけません。完成できなくて残念に思ったとしても、損害にはならないでしょう。

それを「無益」と考えたり、「徒労」と考えたり、場合によっては「苦役」と考えたりすると、老後のさまざまな行為が苦痛になってきます。高齢者の行為は、終わらせることを目的にするのではなく、していること自体を楽しめばいいのです。

例えば、本を読みます。必ずしも読み終えることを目的とする必要はないでしょう。

もちろん、ミステリーであったり、ラストのどんでん返しが用意されているような物語でしたら、最後まで読まなくては面白さが理解できません。しかし、『源氏物語』を読んでみる、『夏目漱石全集』を読んでみるといった場合、途中でやめてもさしつかえありません。よく知られたストーリーを、前もって頭に入れて読むこともできます。一つ一つの情景や場面や言葉を味わう読み方もできます。いくらでも楽しむことができます。

手芸をするにも、大きな作品を完成させる必要はないでしょう。少しずつ、小さなものを作り、それを広げていけばよいのです。一つ一つのデザインを楽しむことができます。

ベストセラー『嫌われる勇気』の中で、哲人は幸福な生について青年と対話し、過去にとらわれるのでも、未来を思い悩むのでもなく「今、ここ」を真剣に生きることを説きます。「今、ここ」にこそ幸せがあるのです。

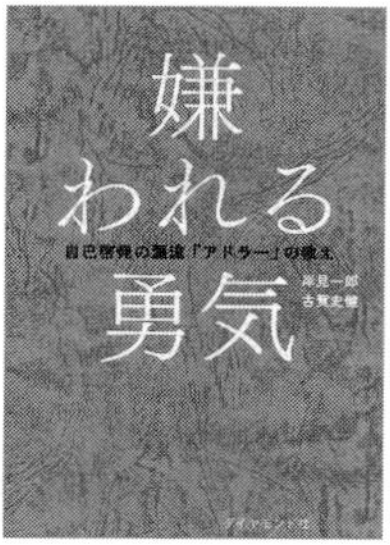

岸見一郎・古賀史健
『嫌われる勇気』
（ダイヤモンド社・1620円）
心理学者アドラーの思想から探る、幸福に生きる処方箋。

◆練習しても、上達しなくていい

❖ヘタなりに楽しむ

私が若かったころは、「進歩主義」が世界を覆っていました。人類はだんだんと進歩していく、社会はだんだんとよくなっていく。そういう幻想に包まれていました。しかし、実際にはどうなったでしょう。かつての平和な暮らしは失われ、人類は核兵器を持ち、さまざまな廃棄物に苦しめられ、テロが横行し、声高に自己主張する人々が増えて、暮らしにくくなっています。もちろん文明の発達によって、多くの分野で人間の幸福につながった面はありますが、困ったことも増えています。進歩主義への疑問が示されるようになっています。

進歩主義は日常生活にも入りこんでいます。生活していればだんだんと豊かになる。練習していればだんだんと上手になる。努力は必ず実を結んで最後には上達する。そうしたことも、形を変えた進歩主義でしょう。

しかし、この種の進歩主義も実は多くの人を苦しめています。練習しても上達しない人、人一倍練習しても、あまり練習しない人にあっさり負けてしまう人、そもそも練習している内容に関心を持てない人などは、進歩主義のためにどれほど苦しめられていることでしょう。

幸い、私はやっとおぞましい進歩主義から逃れることができました。もう私は進歩しなくていいのです。これほど楽なことはありません。進歩したいと思うから、それができない自分を悲しく思います。昨日と比べて上達していない自分を呪います。しかし、そもそも上達しようと思う必要はないのです。その時々を味わえばよい。ヘタならヘタな現在を楽しめばいい。それでも好きなら続ければいいし、つらければやめればいいのです。

五十の手習いでチェロを再び習い始めたことがあります。あまりの進歩のなさに自分でもあきれて、すぐにやめました。が、進歩主義の悪習から逃れれば、音を出すことそのもの、大事な時間を好きなチェロの音で楽しむことに使えるのです。進歩しようと思わなければ、それだけでも楽しいことでしょう。

◆負け試合も楽しんでいい

❖物事のよい面を見る

私の大先輩に、熱烈な野球好きがいます。その先輩は大洋ホエールズ時代からの横浜DeNAベイスターズファンです。

その方は八十歳を越える現在も、しばしば球場に通っておられます。しばらくの間は、ベイスターズの本拠地である横浜スタジアムに、年間シートを購入して通っておられました。

長年の野球ファンなので大変な野球通です。評論家に負けない知識で、監督の打つ手を考え、そのほとんどが当たります。話を聞いていますと、教えられることばかりです。

私がその方の行動で素晴らしいと思うのは、必ず、その試合を見てよい点を探すことです。「きょうはひどい試合だった！」などという言葉を、その方から聞いたことがありません。

たとえ一方的な負け試合だったとしても、「きょうはあの選手のいいプレイが見られた」「きょうは先につながる動きがあったなあ」などと話します。ベイスターズが万年最下位だったころも、そのように試合や選手のよい点を話していました。

いいえ、ベイスターズの選手ばかりをほめるとは限りません。相手のチームの選手のよいプレイも楽しみます。かなり昔ですが、ベイスターズがノーヒットノーランで負けた時も球場におられたそうで、「こないだは、めったにないノーヒットノーランを見られてよかった」と楽しんでおられました。

この態度こそ、私は大事だと思います。すべてを楽しみに変えてしまわれます。「取り返しがつかない」「なんてことをしてしまったんだ」などとは考えません。

楽しみの種はどこにでもあります。一方的に見たり、考えたりするのでなく、さまざまな方向を見渡して、楽しみを見つける。これこそが、楽しみの達人だと思います。

私も、この先輩のような楽しみの達人の精神を見習おうと思っています。

◆不愉快な人とは縁を切っていい

❖無理してつき合う必要はない

みんなにいい人と思われたい。そんな願望を抱いている人が多いと感じます。「いい人でなくていい」ということについて、少し考えてみたいと思います。

以前、あるラジオ番組に出演したことがありました。「上手な話し方のプロとして、話し方の相談に電話で答える」という内容の番組で、聴取者からの相談に私が答えるものでした。

ところが、私の予想以上に「相手を傷つけずに解決するにはどうすればよいのか」というタイプの質問が多くて驚きました。

例えば「知人に車を貸したところ、傷をつけられたが、修理費の支払いをまったくしてくれなかった。それなのに、また貸してほしいと言ってきた。どのような話し方をすればこれからもうまくやっていけるか」という質問です。相手からひどい目に遭わされても、まだよい関係を続けようと思っている人が多いのです。

よい顔をして断らずにいるから、いつまでも不愉快な思いをします。もちろん、つっけんどんではお互いに後味の悪さが残りますので、言葉遣いには気をつける必要がありますが、不愉快な思いをさせられる相手とはもうつき合わなくていいし、それをきちんと相手に示していいと思います。

高齢になったら、これまで以上に、不愉快な思いをして人とつき合うのが苦痛になってきます。若いうちは、不愉快な人が相手であっても我慢してつき合っていました。それは、後々面倒なことが起こったりした時に、もしかしたら利益をもたらしてくれるかもしれないという下心があったからでした。

しかし、高齢になるとそうしたことは皆無といってよいでしょう。引退したら、仕事上どうしても必要なつき合いも、もうないのです。だったら、無理をして不愉快な人とつき合うこともないのです。

私は、むしろ、いい顔をしないで不愉快な思いもしないほうが、お互いにとって好ましいと考えるのです。

◆言いたいことは言っていい

❖いい顔をするとくたびれる

いい人は対立を恐れます。相手に「ノー」と言うこと、反対することを恐れ、平和でいようとします。そうなると、相手に常に気をつかうことになってしまいます。

それだけではありません。いい人であろうとする人は、言ってみれば他人の言いなりになるということです。自分の意見を持たず、それを口に出せず、誰かに従い、その指示に従うということです。それは、相手に振り回されるということでもあります。

本人にはそのようなつもりはなくて、単に平和でいたいだけなのでしょうが、結局はそのようになってしまいます。つまりは、「自分を持たない、他人の追従者」です。

私の母は、そのような人物の典型でした。誰にも反対できず、父や父の家族の意思にそのまま従って、周囲のみんなの役に立つことを考えて生きてきたようです。その考えが今も抜けずに、多くの人にいい顔をして、賛成しようとします。

もちろん、それはそれで一つの生き方です。しかし、年齢を重ねるにしたがって、それは間違いなく重荷になってきます。

高齢になり、身体も思い通りにならなくなった時に、いつもいい顔をして他人の指図に従い、振り回されることはできません。いい顔をしようとすると、自分を心身ともにくたびれさせてしまいます。相手が配偶者だろうと、目上の人だろうと、いい顔を続けるのは難しくなってきます。

もちろん、けんか腰になる必要はありません。きちんと話をすればいいと思います。しかし、どうしても我慢できない時、はっきりと「ノー」と言いましょう。

「ノー」と言わないから、相手はあなたのことを、何を言っても従う人だとみなして、軽く考えてしまいます。数回、はっきりと「ノー」を表明してみましょう。そうすることによって、自分の意思を持った人間であることを認めてもらえます。

母の様子を見ていて、私が思ったことです。

◆気をつかわなくていい

❖はっきり伝えるほうがうまくいく

気をつかうのは、日本人の美徳です。海外に行かれたことのある人は、日本以外の国の人々のつっけんどんな態度や、自己中心的で他人に気をつかわない態度にあきれた経験がおありでしょう。しかし、日本では気をつかいすぎる人が多すぎはしないでしょうか。

これまでもお伝えした通り、九十一歳になる私の母は老人ホームで暮らしています。口癖のように「こんなことをするわけにはいかん」「そんなことをすると、悪かろう」と言いながら、老人ホームのスタッフの方やほかの入居者に気をつかい、自分のしたいことを我慢しています。

マッサージを受けている時、「強すぎるのでもう少しソフトにしてほしい」とも言えず、着替えをしている時、「寒がりなのでもう少し厚地の服にしてほしい」とも言えずに、スタッフが用意してくれた服を出され、「この服でいいですか」と聞かれて、にこにこしながら「いいです」などと答えています。

母だけではないでしょう。日本人は多かれ少なかれ、そのように他人に気をつかうべきだという意識を持っているでしょう。もちろん、まったく気をつかわないのもどうかと思います。自己中心的で相手を振り回す人間は困りものです。

しかし、そのような人は他人を困らせているだけであって、自分を苦しめてはいません。ところが、気をつかいすぎる人は、自分を苦しめているのです。

マッサージを例にとりましょう。言うまでもないことですが、強すぎるのに我慢してむしろ身体を悪くしたり、マッサージそのものをやめてしまうよりは、「もっとソフトにしてほしい」とはっきりと伝えて、長くマッサージを続けるほうが、マッサージ師さんにとってもうれしいことです。はっきりと意思を伝えてこそ、そして時に「ノー」と言ってこそ、うまくコミュニケーションできます。

気をつかうのがいいことだ、人間関係は常に平和であるのがいいことだという思い込みを捨ててしまえば、ずっと楽になるのです。

◆運動しなくていい

❖日常生活をふつうに行う

ランニングや球技、水泳、ハイキングなどの運動をしている高齢の方をよく見かけます。楽しんでなさるのは素晴らしいことです。しかし、運動はどうしても無理になりがちです。無理がたたって身体を壊すことがあっては元も子もないでしょう。

若いころからスポーツに親しんできた人には、「身体をいじめる」という考えが根付いている人が多いように思います。この言葉をテレビなどでよく耳にします。身体をいじめて強い肉体を手に入れ、試合に備えようというのでしょう。

これはまさに現在の自分を犠牲にして未来に投資しようという若者の考え方です。高齢者は未来に投資することよりも、現在を維持することを重視するべきです。身体をいじめると、身体は悲鳴を上げ、立ち上がれなくなる恐れがあります。

人間の身体は日常的な活動をするようにできていると思います。運動はそもそも日常的な活動を逸脱する行為ですから、つい、身体へのいじめになってしまいます。

私が運動をするのは、楽しんでできる場合に限るつもりです。孫でもできたら、きっと楽しんで子どもとキャッチボールをするでしょう。また、何かでストレスがたまったり、身体の一部が凝ってしまったりしたら、日常の活動を取り返すためにゴルフをしたくなるかもしれません。そのような運動は、日常を逸脱するものであっても、それによって日常を取り戻せるのですから、楽しんでできるでしょう。

しかし、私が心がけているのは、日常生活をふつうに行うことです。できるだけ楽しい用事をつくって外に出かけます。コンビニに行ったり、犬の散歩をしたり、郵便を出しに行ったりします。車を使わずに駅まで歩きます。時には遠回りして、花が見ごろになった公園や次に行ってみたい候補のレストランの前を通ります。それだけでかなりの運動量でしょう。

そうした日常を楽しく過ごしていれば、十分に健康に恵まれ、無理な運動をするまでもないと思うのです。

第4章
好きな人とだけつき合えばいい

◆年寄りらしくなくていい

❖百人いたら百通り

「年寄りはこんなもの」という思い込みがあります。実際には、高齢者といってもさまざまな趣味や価値観、職業、地方出身の人がいます。パチンコが好きな人も、音楽が好きな人も、派手好きな人もいるでしょう。

それなのに、「高齢者はこのようなものを好むだろう」と周囲が勝手に考えて、例えば母のいる老人ホームなどで、しばしば「青い山脈」や「故郷」などの歌がかけられていました。母が好んで聴いていたのはＳＭＡＰの曲だったのですが、そのような曲が聞こえてくることはありません。

私は子どものころからのクラシック音楽好きで、若いころに流行したフォークソングもロックもアイドルの歌もまったく聴いてきませんでしたので、将来、老人施設に入って、このような音楽を聴かされるかと思うと、今から苦痛でなりません。

いいえ、このことについては、これからさまざまな高齢者が増えてきますので、そうした状況に合わせて社会が変わっていくことに期待しましょう。

私がもう一つ、ここで言いたいのは、他者が「年寄りはこんなもの」と決めつけるということ以上に、自分自身でそう思ってしまうことです。

「自分は年寄りなんだから、こんな派手な格好をするわけにはいかない」「もっと年寄りらしい行動をとらないと笑われる」などと考え、地味で年寄りくさい服装をし、年寄りくさい行動をしてしまいます。

もちろん、そのような行動を自分で好んでいるのでしたら、それでかまいません。ところが、「私のようなトシでこんなことをしてはみっともない」「いいトシなんだから、そんなことをしている場合ではない」と思うことは、自分を苦しめることにつながります。

そして、なるべく自分についても固定的な自己イメージを払拭《ふっしょく》していいでしょうし、ほかの高齢者に対しても、「年寄りのくせにあんな格好をして」などと非難せずに、互いに自由にありたいものです。

◆人と違っていい

❖老い方もバラバラ

自分と違った風貌や考えの人を見て毛嫌いしたり、白眼視したりする人がいます。「あの人は私たちとは違う」というのは、しばしば排斥の言葉になっています。

海外旅行の楽しみは、異文化との出会いです。私はしばしば海外旅行に出かけます。大学を退職して自由になった昨年、九回の海外旅行に出かけました。

これまで合計三十九の国を訪れたことになります。タイのレストランで注文した食事がなかなか出てこなかった経験を前にお伝えしましたが、そのように日本人の常識が通用しないでイライラしたり、誤解したり、驚いたりするのを楽しんでいます。名所を見物するよりも、日常生活の中に潜む異文化に接するのが面白いのです。

今は、国境を越え、世界規模で物や情報が行き交い、多様な人同士が交流し合うグローバルの時代です。私たちとは異なる考えの宗教を信じている人や、価値観を持っている人がたくさんいます。それらは民族文化の個性、また一人ひとりの個性です。

高齢者も同じだと思います。いろんな価値観の人がいますし、老い方もまた、個性だと思います。一人ひとり違った老いを迎えます。認知症の人もいます。その認知症にもいろいろのタイプがあります。

その違いを楽しんではどうでしょう。みんなが同じようになることではなく、みんなが違って、バラバラになっていくのを楽しみましょう。

幸い、高齢者は多数決で何かを決めるような場面に立ち会いません。だから多数派工作も必要ありません。感情的に「大勢でいるほうが楽しい」というようなことを除けば、多数であることにさほどのメリットはありません。

「なるほど、こんな考え方をする人がいるんだ」と楽しむことが大事ではないでしょうか。もちろん、それが自分に何かの迷惑を及ぼすときにははっきり言ったほうがいいでしょうが、価値観の違い、考え方の違いについてはお互いに認め合っていきたいものです。

◆運転しなくていい

❖車と歩く能力は同程度

高齢者ドライバーの事故が続き、運転免許の返納が問題になっています。私自身はまだ、返納は考えていません。しかし、何度か車を傷つけてしまいましたので、先日、自動ブレーキシステム付きの小型車に乗り換えたばかりです。車好きだった父は、他人に注意される前に八十代に入って自ら返納しましたので、私も同じようにしようと思います。

車には実用のほかに象徴としての意味があるといえそうです。多くの人が自分らしさを表すように高価な車、個性的な車を選びます。高齢になってからは「自分はまだ社会に通用する人間だ」という意味が加わります。そのため、免許を手放すのをまるで自分自身が失われたように感じる人が多いのでしょう。

私はまず、車に象徴的な意味を付与するのをやめたいと思います。前にも書きましたが、高齢になったら、見栄《みえ》を張って自分を大きく見せなくていいのです。車を自分の能力の表現と考える必要もありません。

実用面に限って考えてみると、車がないと日常の仕事や生活に支障が出る地域に住んでおられる人以外は、車が絶対に必要なことは少ないと思うのです。もちろん、車があるほうが行動範囲が広がりますし、生きがいが生まれることもあるでしょう。しかし、そのような場合も、電車やバスはもちろん、タクシーを使うほうが安上がりでしょう。どうしても必要な場合は、親しくしている人の車に乗せてもらえばよいのです。

私は、歩くことと運転することは同じ程度の能力を要するのではないかと考えています。つまり、年齢のせいで近くのスーパーまで歩くのが億劫《おっくう》になったら、気づかずにいるだけで、運転能力も間違いなく、同じように落ちていると思うのです。ですから、歩くのを億劫に感じ始めた時、自分から返納を考えようと思っています。

そして、もし誰かから返納を進言された場合には、きっと心配のあまり見るに見かねて言ってくれているのでしょうから、素直に従うつもりです。

◆素直に言葉に出していい

❖愛情の総量が幸せを決める

私はブータンを旅行したことがあります。ブータンは「幸せの国」といわれます。半信半疑で訪れたのですが、現地の人と話したり、見聞きしたりして、本当にブータンの人たちは幸せに生きていると感じたのでした。

ブータンの人と話しているうち、私は「人間の生涯の幸福の度合いは、簡単に言うと愛情の総量で決まるのではないか」と思うようになりました。

記憶の中にある熱烈な恋愛、温かく長く続く恋愛、あるいは家族愛など、愛情と呼ばれるものの中にはさまざまな性格のものがあるでしょう。それらすべてを合わせて愛情の量がたくさんある人は、きっと幸せな人生を送ったのでしょう。

ブータンの人たちは夫や妻や子どもを愛し、親族を愛し、友だちを愛し、人生を愛し、故郷を愛し、国を愛し、芸術や文化を愛しているのをつくづく感じました。

日本人であれば、初対面の人に自分の祖父母や両親の自慢をすることはないでしょう。ところが、ブータンでは、何人もの人が私に向かってうれしそうに家族の人柄、家庭の料理のおいしさなどについて話してくれました。謙遜したり卑下したりすることなく率直に口にします。そして、家族への愛を当たり前のように話してくれます。

パソコンと同じように心の中にも記憶の保存限度があり、それが愛情でいっぱいになっていると、その人の人生は幸せなのだと思うのです。

現在、自分が幸せと感じているかどうかも、どれほどの愛情を心の中に持っているか、現在、どのような愛情を注いでいるかによるでしょう。家族を愛し、友だちを愛し、ペットを愛して生きていれば、間違いなく充実しているでしょう。

現役時代には、どれほどお金を稼げるか、どれほどの地位につくか、どれほどの権限を持つかが幸せの尺度でした。が、高齢になると、その尺度は愛情になるのです。

◆約束を破られても、許せばいい

❖ブータンの人の心を見習う

ブータン旅行の話を続けます。

四日間だけの短い旅行でしたが、私は「幸せの国」ブータンが大好きになりました。山々が美しく、家々も手入れが行き届いています。多くの民家の窓は寺院のような装飾が施されており、信仰心が風景に溶け込んでいます。ブータンの人々が山や野原や建物に愛情を抱いて暮らしていることがよくわかります。

ブータンの人々は命を尊びます。車で移動中、車内にハエが紛れ込むたびに、ガイドさんと運転手さんは車の窓を開けて懸命にハエを外に出そうとしていました。日本人でしたらさっさとたたきつぶすのかもしれませんが、そんなことはしません。

ブータンでは異様なほどの数の野良犬がいました。車道を歩く牛や馬も見かけました。それでも動物たちは人々に守られて生きています。そんなところにも、ブータンの人々の動物への愛や命への慈しみを感じます。

ブータンの人々は家族や友人を心から愛するだけでなく、森羅万象を愛し、慈しんでいるのです。ですから、現在の自分や自分の周りの状況を否定したり、それ以上のものを望んだりしないのでしょう。

ブータンの人々の欠点として、スケジュール通りに行動せずに約束を忘れたり、義務を怠けたりすることが挙げられるそうです。タイで言われる「マイペンライ」と同じような、「なんとかなるよ」「気楽にいこう」という精神です。私もそのような状況を目撃しました。

考えてみますと、これも他者への愛情や信頼があってこその態度なのでしょう。相手が約束を破っても、「まあいいよ」と許し合うのです。基本的なところで仲間への愛情を持ち合っているから、そのような態度をとることができます。

家族や友人や動物や自然への愛情を多く持っているからこそ、満ち足りて幸せに暮らすことができる。これこそが、ブータンが幸せの国である理由だと思いました。

愛情を持っていることを幸せの尺度にする生き方を高齢者もまねてはどうでしょう。

◆意固地にならなくていい

❖過去の人生に自信を持とう

高齢になると愛情を持っていることが幸せの尺度だと、書きました。

私はその基本になるのは自分に対する愛情だと思います。それを持っていなければ、他人を愛することはできません。すべての行動が投げやりに、自暴自棄になってしまいます。それでは幸せを感じられず、充実した老後も過ごせるはずがありません。

ノーベル文学賞受賞作家であるドリス・レッシングの小説『夕映えの道』は、一九七〇年代のロンドンを舞台にして、恵まれた女性編集者ジャンナと九十代の貧しい女性モーディーの交流を描いています。モーディーはずっと恵まれない人生を送り、高齢になってからも社会から棄《す》てられたように暮らしています。自暴自棄になり、福祉の手も拒絶し、誰も信頼せずにいます。まさにセルフ・ネグレクトの状況です。

たまたま知り合ったジャンナが見るに見かねて世話をするようになり、徐々に友情が芽生えていきますが、そのジャンナにも、モーディーはしばしば不信の目を向け、意固地になり、怒りを向けます。そうしながらも、モーディーは徐々に自分への愛情を取り戻すようになっていきます。

この小説からは現代社会の高齢者の置かれている状況、高齢者の気持ち、低所得の高齢者の問題点がよくわかります。同時に、自分に対する愛情が大事であること、そして、それを培うのも友情、すなわちほかの人からの愛情だともわかります。

自分に対する愛情は、幼少期からの長い年月をかけて培われるという面もあるでしょう。しかし、これからでも培えるでしょうし、後年になって失ったのではもったいないことです。培い方の一つは、以前にお話しした「自分に自信を持つこと」だと思います。かつて自分がしたことを自慢に思い、その達成感を覚えていることです。

ドリス・レッシング
『夕映えの道』
(集英社・2160円)
老いの孤独と、仕事をもつ女性の心に向き合う。

◆自分を大事にしていい

❖人と交わり、人を愛する

自分への愛情の培い方のもう一つは、自分の身体を大事にすることでしょう。けがをしないように、病気にならないように、ふだんから気をつかい、ケアをきちんとするうちに、自分に対する愛情は高まっていきます。

最も大きな悲しみ、最も大きな孤独というのは、「自分は誰からも愛されていない」と思うことでしょう。紹介したドリス・レッシングの小説『夕映えの道』のモーディーが自暴自棄の生活を送っていたのも、家族と生き別れになってしまい、誰からも愛されていないという思いがあったからでしょう。

そんな思いを歌う、切なくも絶望的な歌が、同じ一八一三年に生まれたイタリアとドイツを代表する二人の大オペラ作曲家によって作られています。一つはヴェルディのオペラ『ドン・カルロ』の第三幕、老いたフィリッポ二世が、若き妻が自分の息子であるドン・カルロを愛しており、自分が愛されていないことに気づいて愕然《がくぜん》として歌うアリアです。冷え冷えとした孤独感が伝わってきます。

もう一つは、ワーグナーの『トリスタンとイゾルデ』の第二幕。妻イゾルデと愛する甥《おい》トリスタンの逢《あ》い引きの現場を目にしたマルケ王が長い嘆きの歌を歌います。これもまた激しい孤独が伝わってきます。これらの場面に差し掛かるたびに、私は痛々しい気持ちになり、孤独感を強く感じ、「このような思いだけはしたくない」と強く思います。

しかし、高齢になり、人と交際しなくなり、知人や友人、家族と離れてしまうと、孤独にさいなまれる状況に陥りかねません。そうならないように、今のうちにできるだけ愛する人、愛し合える人をつくっておきたいと思っています。

もちろん、必ずしも同居する必要はありませんし、近くにいる必要もありません。しかし、互いに心配し合える仲間をつくっておくことが大事だと思います。そして、愛されるためには、まずはこちらが相手を愛することが、何よりも大事なことだと思います。

◆ギブ・アンド・テイクを考えなくていい

❖親孝行を望んだ先

引退後の社会では、愛情を注ぐということに見返りを求めないのが最大の原則だといえるでしょう。経済重視の社会では、見返りが必要です。健全な人間関係は、ギブ・アンド・テイクであってこそ成り立ち、与えるだけ、もらうだけでは築けません。しかし、高齢になったらお返しする基盤を持っていませんので、お返しも、求めることもできません。

家族への愛なら、見返りを求めることはないはずです。ところが、経済重視社会の中で暮らすことに慣れていると、つい見返りを求めてしまうことがあります。しかし、そもそも愛情とは、見返りを求めるものではないのです。夫婦は相手が何かお返しをしてくれるからではなく、ともにいるのが幸せであるから一緒にいるのです。見返りを求めて、相手が自分の愛情に報いてくれないことに不満を持つと、ストレスが溜《た》まります。

私は家族、とりわけ自分の子どもや孫から、自分が愛しているほどには愛されないのは当然だと思っています。子どもも孫も自分の仕事、そして自分の子どものことで精いっぱいです。親や祖父母に愛情を返す余裕はありません。自分が思っている半分か三分の一でも思ってくれれば親孝行でしょう。

シェル・シルヴァスタイン作の『おおきな木』という絵本があります。村上春樹が訳したことでも話題になりました。少年とリンゴの木は友だちでしたが、少年は木を次々と切っては自分の楽しみのために使い、最後には、切り株だけになってしまいます。それでもリンゴの木は幸せだった、という話です。

ギブ・アンド・テイクを重視する経済社会の常識からすると、リンゴの木は本当は幸せではなかったとみなされるでしょう。しかし、このリンゴの木のような自己犠牲の気持ちが、少なくとも家族に対して発揮されるのは事実でしょう。

シェル・シルヴァスタイン
『おおきな木』
（あすなろ書房・1296円）
幼い男の子の成長を見守り続ける一本の木。

◆友情はときどきでもいい

❖同等の立場で関係を築く好機

家族のほか、友だちに対して愛情（一般には友情という言葉が使われます）を注ぐのも大事なことです。友人を持つことで趣味について語り合ったり、自慢し合ったりして、コミュニケーションを持つことができます。

壮年期には、社会的な成功が友人関係の上でも大きな意味を占めます。不遇な人と社会的に成功した人とでは話が合いませんし、生活状況が違いすぎて互いに興味を持てません。しかも、どうしてもしがらみが生まれて、言いたいことを言えません。

しかし、そのような状況から脱却すると、学生時代と同じように、同等の立場で人間関係を築くことができます。しがらみもなく、言いたいことを言えるようになります。言えないような相手とは、だんだんと疎遠になっていけばよいのです。そうして、晩年になって無二の親友を持てることもあるでしょう。

ただし、長い間の文化的な環境は人間の形成に大きな意味を持っています。考え方が違いすぎると、話が合いません。年齢の近い人が近くに住んでいるからといってすぐには仲良くなれないのも事実です。

そこで、私は趣味の会や何らかのサークルに参加したいと考えています。そこで共通の価値観を持つ友人を見つけることができるでしょう。もちろん、実際に顔を合わせなくても、会員制交流サイト（ＳＮＳ）を通した友人関係もつくろうと思っています。

私は海外の音楽祭のツアーに出かけて、同じ趣味を持つ友人と知り合い、長い間交流を続けています。こうしたツアーも、年齢の異なる友人ができて趣味も広がり、どこかに出かける機会も増えて健康にもいいでしょう。

男女ともに健康寿命が長い山梨県の高齢者を対象にした調査では、悩みを相談できる相手がいる人や、地域の集まりに参加する人のほうが、より健康長寿なのだそうです。つまりは友人がいるほうが、元気で長生きできるということでしょう。私も、同じ趣味を持つ友人との交流を、これからも続けたいと考えています。

◆電話するだけの仲間でいい

❖数人の友人は宝

高齢者の最大の問題は孤独です。配偶者を失ったりして、独り暮らしをしている高齢者は大勢おられます。高齢の夫婦だけで暮らしておられる方も多いでしょう。

高齢者にはメールなどの機器の使用が苦手な人が多いようです。耳が遠くなって電話でも不自由な人も多いでしょう。足腰も弱り、車の運転もおぼつかなくなり、結果的に外に出なくなり、他者と交流しなくなり、孤立してしまいます。今のところ、私はかろうじてＩＴ機器を使っていますが、いつ、ついていけなくなるか、おおいに心配です。

「孤独」について後に述べますが、孤独はまだしも「孤立」はできるだけ避けたいものです。そのために、私はまず家族や親戚とのコミュニケーションを大事にしておきたいと思っています。家族や親戚は、距離が遠くても、何かにつけて思い合える相手でしょう。たまに電話するだけでも、その関係を大事にしておきたいと思います。

家族以外とのコミュニケーションも大事です。故郷から遠くに離れて暮らす人の多い現代では、昔からの友だち関係を維持するのは難しいことですが、私は数人とでも連絡を取り合うようにしたいと思っています。

高齢になってからの仲間づくりも大事です。大勢でなく数人でよいのです。一緒にいると楽しい友だちがいるといないのとでは大違いです。「組織」をつくって徒党を組むのではなく、話し合い、友情を交わす仲間です。

前に触れた、健康長寿で知られる山梨県には、お金を出し合って旅行や飲み会をする「無尽」という風習があるそうです。そして「それ（無尽）が楽しみだ」という人は、そうでない人より健康長寿なのだそうです。山梨県に限らず、高齢者の参加できる催しを開いている自治体はあります。

気軽に会合やパーティー、地域の催しなどに参加してみてはいかがでしょうか。あちこちに顔を出して共通の話題について話しているうちに仲間ができるでしょう。そうした仲間づくりは生きがいにもつながるはずです。

◆孤独に慣れるのもいい

❖誰もが通る道、今から練習

仲間を増やして楽しく過ごすことは大事です。しかし一方で、孤独に慣れることも必要でしょう。

高齢になるということは、仲間を失い、自由に動けなくなり、交流の機会が少なくなり孤独になってしまうことでもあります。不幸にして配偶者を先に失うこともあるでしょう。

言うまでもありませんが、人は一人で死んでいきます。多くの人には、一人きりで暮らさなければならない時期があるものです。たとえ家族と同居していても、自分のことをわかってくれる人は少なく、孤独感を覚えもするでしょう。

そんな孤独感に押しつぶされて、誰かがそばにいてくれなくては寂しくてたまらない、などということがないように、私は今から「孤独に生きる練習」をしておきたいと思っています。テレビや映画を見たり、本を読んだり、音楽を聴いたり……。そんな一人で過ごす時間、一人で行動することに慣れておきたいと思います。

一人になってしまうと、悲しいことや苦しいこと、逆に楽しいことがあっても、それを人に伝えるのではなく、一人で受け止め、消化する必要があります。夫婦がそろっている時には、そうした思いを分かち合うことができますが、それができなくなってしまいます。しかし、一人に慣れようとするうちに、一人でいることが楽しくなってくる、ということもあると思います。

私は一人暮らしの期間が長くありました。無性に孤独を覚えて悲しくなることもありましたが、一人きりでいられてよかったと思うこともたくさんありました。何時間でも、誰にも邪魔されることなく好きな音楽を聴き、好きな本を読み、自由気ままな時間を楽しんだのも事実です。

孤独というのは、老いとともに誰もが通ってきたし、また通っていく道です。生きるということは、孤独を味わうことでもあります。避けることのできないものであるなら、できるだけ楽しむことを心がけてみませんか。

◆家族と理解し合おうと思わなくていい

❖「わかってもらう」は甘えと紙一重

人と人が理解し合えるとは思わないほうがよいのではないか、そのほうがむしろ互いに相手を尊重できるのではないか。私はある時から、そのように思い始めました。

もちろん、人と人が理解し合えるのは素晴らしいことです。人間同士の相互理解は美しいと思います。心と心がぴったり合い、絆を感じ、ともにいる幸せを感じることがあります。実生活でも小説や映画でも、そのような場面に多くの人が感動します。

しかし、それは稀《まれ》なことだと思うのです。たとえ、その時は心と心が深く通じ合ったとしても、それは長続きするとは限りません。いや、時には、誤解し合っていたり、通じ合ったと錯覚したりします。他人の心の中などわかるはずもありません。

理解し合えるという前提に立つから、「あの人は私のことをわかってくれない」などと不満を持ってしまうのだと思います。初めから、理解し合えると思っていなければば、そんな不満を持ちません。そもそも、「あの人は私のことをわかってくれない」と考えるのは、むしろ甘えだと思うのです。

とりわけ高齢者は、家族に対して、「わかってもらえない」という不満を持つようです。若い者は高齢者の気持ちがわからん。日々そう思っておられる人が多いでしょう。

お互いに本当にわかり合えるには、同じような価値観を持っていなければなりません。しかし、人はそれぞれ別の価値観を持っています。社会はさまざまな価値観の人たちの集まりです。他人に対して、「私のことをわかってくれない」と不満を持つということは、他人に対して自分と同じような考え方をするように求めることを意味します。それはむしろとても失礼なことだと私は思うのです。

人間は人それぞれ別の価値観を持っているのが当たり前です。でしたら、理解し合えるはずがないのです。むしろ、理解し合えないからこそ、少しでもわかってもらえるように、説明をし、自分の感情を語る必要があるのです。黙っていてもわかり合えるというのも、大きな誤解であり、むしろ不遜なことです。何かをしてほしければ、「黙っていてもわかってもらえる」と思うのではなく、きちんと要求するべきなのです。

◆ペットに愛情を注ぐのもいい

❖ささやかでも幸福

高齢になり孤独な状況の中でも、誰かに愛情を注ぐことはできるでしょう。いつも会えないにしても、家族や友だちへの愛情を保つことを心がけてはいかがでしょうか。すでに亡くなった自分の親や兄弟への愛情も、保ち続けたいものです。

一方的な愛情でもいいと思います。例えば、ペットに愛情を注ぐことによって自分の中の愛情の量を増やすことができ、生きがいにもなります。もちろん、犬などのように愛情を返してくれる動物もいます。亀や鳥など意思を明確にしない動物でも、愛情を込めて育てれば、なついて怖がらなくなったり、健康を害さずすくすく育ったりします。それも、愛情に応えているといえるでしょう。

ベストセラー『嫌われる勇気』の著者が、心理学の三大巨頭の一人であるアドラーの思想と古代ギリシャ哲学を軸に、人間の幸福について考えた『幸福の哲学』に、

「どんな苦難に満ちた日々でも、ともすれば見逃してしまうかもしれない瞬間にこそ、本当の幸福は潜んでいる。ささやかな幸福以外に幸福はない」と書かれています。誰かに愛情を注ぐことは、「ささやかな幸福」を感じられる時間を持つことにつながるでしょう。

ペットは将来、老人ホームに入ったりして生活環境が変わった時、手放さなくてはいけなくなる恐れがあるという人もいるかもしれません。そんな時には、植物を愛することも、孤独の中での愛情表現でしょう。ガーデニングを楽しんで、丹精込めることもできます。盆栽や家庭菜園もいいでしょう。

タレントやスポーツのチームや選手、芸術家、作家への愛情もあります。これは一般には「ファン」「愛好者」と呼ばれていますが、根底にあるのは愛情でしょう。私も家族や友人だけでなく、芸術やスポーツに対する愛情を持ち続けたいと思っています。

岸見一郎
『幸福の哲学』
（講談社現代新書・821円）
プラトン哲学とアドラー心理学を軸に、じっくり考えた「幸福」論。

◆お金を使わなくていい

❖世間から買わされていないか

同年代の友人と話すとどうしても、話題の多くは健康と親の介護、そしてもう一つは年金などお金のことになってしまいます。「年金が不十分な人は、六十五歳までに四千万円をためておかなければならない」「それでも不足だ」などの声が聞こえてきます。不安に駆られる人も多いことでしょう。人生のほとんどをフリーで過ごして十分な年金を期待できない私も、不安に思う一人です。

もちろん、お金は大切です。たくさんあるに越したことはありません。生活のために高齢になってもできる仕事を見つけ、できるだけ長く働くのも大事なことです。しかし実は、生活にはそれほどの額はかからないのではないでしょうか。

言うまでもなく、現代の資本主義社会は欲望をかきたてることで成り立っています。消費者にもっと豊かさを味わいたいと思わせ、必要もないものを買わせる面があります。しかし、それに乗せられなければ、それほど買うものはありません。

例えば、ちょっと流行遅れで古びていることを気にしなければ、新たに購入しなくても、一生着るのに困らないぐらいの服を、多くの人がすでに持っているでしょう。若いころは贅沢《ぜいたく》できたが今は貧しいなどと思う必要はありません。生産と消費の活発な産業中心社会から卒業して、お金にこだわらないで済む生活を手に入れることができるのです。

高齢者の多くが、地域の冠婚葬祭などのつき合いにかなりの額を出費しているようです。また孫の愛情をお金でつなぎとめ、子どもに財産を残そうと苦心しているようです。しかしそうした関係は、必ずしもお金に左右されるものではありません。少なくとも、お金で関係をつなぎとめるのにこだわらなくてよいと考えれば、ずっと楽になるでしょう。

図書館など公共の文化・スポーツ施設を利用すれば、それほどお金をかけずに楽しむことができます。余裕のある時にちょっと贅沢をする。そうやって、十分に楽しくてメリハリのある人生を送れると私は考えています。

◆家族や友人と行動しなくていい

❖「ぬれ落ち葉」は嫌がられる

退職後、男性がずっと家にいて、まるで「ぬれ落ち葉」のように妻のそばを離れないという話をよく聞きます。男性は組織の中で同僚と行動するのに慣れており、一人で行動することが少なかったのでしょう。ですから、退職後も妻と行動をともにしようとします。妻について買い物に行き、妻とともに家庭でテレビを見ようとします。一人で家庭にいることに慣れていた妻は、そのような夫を鬱陶《うっとう》しく思うようです。

私の父は一人でいられない人でした。父の世代にはそのような人が少なくないと聞きます。家から歩いて十分ほどのところに行くにも母を誘い、母が行けない時には友人か親戚を誘いました。母の体の具合が悪くてもできるだけ入院させまいとし、母が実家ののっぴきならない事情で出かける時は不機嫌になりました。

父は封建的な九州で育った典型的な亭主関白でした。母を常に従わせ、すべての世話を焼かせていました。が、実際には父は完全に母に依存していたのです。一人では何もできず、精神的にも自立しておらず、母に甘えていたのでしょう。

私はこの面に関しては父のようになりたくないと思っています。私はなるべく一人で行動する時間をつくるつもりです。実際、映画にもコンサートにも、ほとんどの場合、一人で行きます。妻や家族や友人を誘うことはめったにありません。必然的に、映画やコンサートの前か後の食事は一人でとります。

もちろん、ふだんの生活は家族とします。夫婦や友だちと映画やコンサートに行くこともあります。帰りにレストランに寄って、見たばかりの映画や聴いたばかりのコンサートについて語り合うのは楽しいものです。しかし、基本的には一人での行動に慣れ、一人で行動できるようにしておくことが、これからも役立つと思うのです。

言うまでもなく、高齢になると、一人きりになる時間が多くなります。一人で決めて、一人で実行することが大事になります。たとえ夫婦で暮らしているにしても、体力がなくなってきますので、依存されてしまっても、面倒を見きれなくなってしまいます。互いにそれぞれ独立しているほうが気楽に暮らすことができるのです。

第5章

楽しいことだけすればいい

◆自分史を書いてみる

❖まず気楽に六百字エッセーから

孤独の中で楽しめることに、後期高齢者になる前に慣れておくのが、楽しく生きるコツといえるでしょう。そのために私が勧めるのはライフワークを持つことです。何かの作品を作る、何かを勉強する、何かを読んだり見たりするといった生涯続けられるような作業をすることです。

その一つに、文章を書くことが挙げられます。文章を書くのも楽しい趣味の一つです。私は俳句や川柳や短歌を作りたいと常々思っていました。自然を見て、自分の心の中をのぞいて、それを短い言葉で簡潔に表すというのは、どれほど素晴らしいことでしょう。

おそらく初めのうちは稚拙にしか、できないかもしれません。少しも上達しないかもしれません。しかし、書こうとすることによって、周囲への関心が深まります。季節について、人間の心について、いつまでも関心を寄せられることでしょう。こんな楽しいことはないでしょう。

俳句や短歌が難しすぎると思ったら、エッセーもよいでしょう。これまでの人生で誰しも面白い経験をいくつもしてきたはずです。おかしな失敗談、ひとに話したくなるようないい話、怖かったこと、感動したことなど、このままでは誰にも伝わらずに終わってしまいます。それを文章として残してはどうでしょう。

自分史を書く人が増えています。もちろん、それは素晴らしいことです。が、もっと気楽に、六百字から千字程度の短いエッセーを書き続けてはどうでしょう。書いているうちに過去の面白い話を思い出して、いくつも書けることになるでしょう。そうこうするうちにかなりの長さになるかもしれません。それを新聞に投稿してもいいし、ブログに公開してもいいし、自費出版して、知り合いに配ってもいいでしょう。

楽しいエッセーを書くことによって生活に張りができます。一日に一作、エッセーを書いてはどうでしょう。それがたまれば、家族に読んでもらう自分史ができ上がるのです。

◆ブログを始めてみる

❖書くことにメリットが多い

私は二〇〇九年からブログを書いています。内容のほとんどがコンサートやオペラ、映画の感想です。旅行に出た時には、その場所の印象などを書きつけます。

私は書くことはとても大事な作業だと思っています。コンサートを聴いただけですと、その時の印象はそのうちに消えてしまいます。どんなコンサートに行ったのかさえも忘れてしまいますし、そもそも印象そのものがはっきりしません。

家に帰って、パソコンに向かい、音楽を聴いた時の自分の気持ちを思い出し、その日の演奏を思い出すうちに、感想がはっきりしたものになります。そして、自分自身にとっての備忘録になります。私は自分がこれまでどんなコンサートを聴き、どんな感想を持ったか、自分のブログを読み返して確認しています。

自分で文章を書くことによって一歩先に進めると感じることがあります。書かないままですと、自分の考えが定着できず、ぼんやりしたままになってしまいます。同じことをいつまでも考えています。ところが、書くことによって、あとでそれを読み返すことができます。その間違いに気づくこともありますし、自分でもっと深めることもできます。そうしたことは、文章として明示しないとなかなか気づかないことです。

しかも、ブログとして公開すると、時にコメントを入れてくれる人がいます。共感してくれる人もいます。別の考えを示してくれる人もいます。それも貴重な意見です。

もちろん、中には心ないコメントもあります。匿名でひどい中傷を書いてくる人もいます。中には匿名で正義ぶってくる人さえもいます。そんな時には不愉快な気持ちになり、日本の将来を危ぶむ気持ちにもなりますが、それも他者との交流です。私はそれを含めて発信することを楽しんでいます。

ブログではなく、何かのSNSでの発信でもよいと思います。それぞれ自分に合ったSNSを選んで、自分の考えや感想、体験を発信してみてはいかがでしょう。頭の体操になると同時に、自分の考えがまとまり、コミュニケーションが広がると思います。

◆一人でできる趣味を持つ

❖仲間づくりのきっかけにも

絵心のある人は、絵を描いてみてはいかがでしょう。本格的な油絵の必要はありません。鉛筆画でも水彩画でも十分です。もちろん、パソコンを使って描く絵画でもいいでしょう。窓から見た風景を描いたり、人物を描いたりします。

もちろん、写生に出かけてもよいでしょうし、遠出したついでに少し絵を描くのでもいいでしょう。写真を撮っておいて、後にそれを絵画として仕上げるのもいいでしょう。家族や知り合いの肖像画を描くのもいいし、自画像を残すのもいいでしょう。

ただ、実を言うと、私は子どものころから絵を大変苦手にしていました。テレビで「絵の下手な芸人」を集めた番組を見たことがありますが、大の大人が、動物などの絵を、幼児が描くような下手さと単純さで描いてみせていました。まさに私の絵はあのようなものです。

そこで私が今後の趣味としてひそかに考えているのは、写真です。写真でしたら、自分で形を整える必要がありませんので、構図と色合いだけで表現できます。ひとさまに見せるようなものでなくてもよいのですが、仏像や神社仏閣を写真に撮って楽しもうかと思っています。

そのほか、書道、手芸などもよいでしょう。場所を取らず、気軽に一人きりで作業ができて、しばらく集中できるようなことがよいと思います。一つ一つは短くて小さいものが理想です。それをずっと続けるうちに、まさしくライフワークとして素晴らしいものができ上がることでしょう。

絵画や写真、手芸の教室に通ったり、ネットに投稿したり、コンクールに出したりすると、いっそう趣味が広がります。きっと仲間ができて、語らうことが楽しくなるでしょう。

百歳以上の「百寿者」が多い京都府の京丹後市では、高齢者が参加できる教養や趣味の講座がたくさんあり、仲間や生きがいづくりに貢献しているそうです。いろんな地域で、こうした環境も整ってほしいものです。

旅に出てみる

❖異文化に触れる

私は旅が大好きです。とりわけ、海外旅行が好きです。異文化に出会うとワクワクします。自分が当たり前と思っていたことが、海外に行くと通用しません。信じられないものを食べ、信じられない行動が当たり前のこととして行われている外国に行って、カルチャーショックを受けるのが何よりも楽しみです。

若いころの私は西洋びいきでしたので、ヨーロッパの旅を中心にしていました。私が最初の海外旅行をしたのは、二十代のころ、フランス、ドイツ、オーストリア、イタリアの四十日間ほどの一人旅でした。三十歳を過ぎて初めて台湾、タイ、マレーシア、シンガポールの二週間の旅をしてアジアの魅力に取りつかれました。大学に勤めていたころは、夏休み中にヨーロッパの音楽祭などに行っていましたが、最近は、老人ホームで暮らす母の様子が心配ですので、四、五日で帰れるアジア地域の旅行が中心です。

海外旅行はそれほどの費用もかかりません。国内旅行よりも安いこともしばしばです。そして何よりも、珍しい文化を見ることができます。

初めてパリに行ったとき、文学作品を読んで想像していたのとは異なる町の雰囲気、人々の生活を感じました。フィレンツェではルネサンスの時代そのままの美しさに圧倒され、ウィーンでは大好きなモーツァルトやベートーヴェンの音楽が聞こえてくるような静かな町のたたずまいに感動しました。バンコクでは黄金に輝く寺院の横を肉体労働をする男女が行きかう様子を見ました。牛の血を固めたものを食べたり、一口で汗が吹き出すような辛いスープを飲んだり。スリを撃退したり、詐欺にあったり、過激派と間違えられて（？）軍人に銃を突きつけられて連行されたり、疲れて道に座り込んでいると、施しをしてくれる人がいたり。これらはすべて私の心の財産です。

働いている間は自由な旅ができません。そして、動けなくなったら、また旅がつらくなってきます。私は動けるうちに旅を楽しもうと考えています。

◆一人旅にチャレンジする

❖孤独に向き合う

私は、旅行も基本的に一人で出かけます。海外旅行も一人のことがほとんどです。もちろん、ツアーに個人参加することもあります。ブータン、ロシア、中国の奥地やミャンマー、スリランカ、モンゴルなどは、言葉がまったくわからず、交通も発達しておらず、一人旅は難しそうですので、ツアーに申し込みました。しかし、ヨーロッパの各国や中国の都市部、韓国、タイなどは文字通りの一人旅をします。

最初に一人旅に出た二十代の頃は、駅に到着してから地図を見ながら安ホテルを探す行き当たりばったりの旅でした。さすがに、六十五歳を過ぎた今では、前もってそこそこ快適なホテルを予約します。それでも、基本的には質素な一人旅が好みです。

私はフランス文学を専攻していましたので、若いころは下手ながらもフランス語を使っていました。が、今ではフランス語もさっぱりできず、英語もフランス語とごっちゃになって使えません。現地の人と深いつき合いはできませんが、それでもボディランゲージとつたない英語で特に支障なく旅ができます。

言葉の通じない国を旅していると、その文化や風景に感動しながらも、激しい孤独を感じます。話す相手もいませんし、頼る人もいません。しかし、その分、自分に向き合うことができます。新たな文化に驚きながら、その中を自分の力で生き、誰にも頼らずに行動します。自分一人で静かに生きることができます。日本の社会の中で暮らしてきた自分から離れることができます。それが何よりも楽しいのです。

私は海外の列車に乗り、ぼんやりと外を眺めます。何かを観察しているわけではありません。通り過ぎる風景を見て、自分の過去を想い、これからの人生を考えます。目の前に見える人々の生活を味わいます。人々の生きる姿から自分の生の糧を得ます。

私はそんな時間が必要だと思うのです。このような旅は私にとって音楽を聴いたり本を読んだりするのと同じくらいに大切な時間です。もちろん、私のような一人旅を皆さんにお勧めすることはできません。危険が伴いますし、トラブルが付きまといます。が、私は体の続く限り、このような旅を続けたいと思っているのです。

◆楽器や語学、学問を楽しむ

❖学ぶこと自体を楽しむ

若いころにやってみたいと思っていながら、その後、時間ができなくて後回しにしてきたことを再開してみるのはいかがでしょう。

私は子どものころ、ヴァイオリンを習わされていました。当時はいやでいやで仕方がありませんでした。二十代のころと五十歳を過ぎてからの二度、チェロを弾き始めました。が、ほかの仕事が忙しくて長続きしませんでした。時間ができたら、またチェロを再開しようかと考えています。

また、海外旅行に行くごとに英語に苦労しますので、英語の勉強も、そして、昔、勉強したフランス語を今度は会話中心で勉強してみたいとも思っています。また、私は西洋文学や西洋の芸術を中心に学んできましたが、学生のころ、仏教の奥深さを知り、禅の思想をじっくりと学びたいとも思ってきました。

多くの方が私と同じように楽器や語学や何らかの学問に惹《ひ》かれているのではないでしょうか。ただ、若いころでも苦労した語学や楽器を、記憶力が衰え、適応力も失われた老後に改めて身につけるのは大変なことです。よほど好きでないと長続きしません。

第1章で、引き算ではなく、足し算の考え方、つまり、自分が以前と比べてできなくなったことを数えるのではなく、できることが増えたことを考えるべきだと書きました。楽器の勉強や語学、新たな学問に接する時、その考えが大事です。

理想に比べて、どれほど自分が不足するか、至らないかを考えると、どうしてもいつまでも上達しない自分にイライラします。いくら練習しても同じところでつっかえてしまって先に進まなかったり、単語や表現を何度記憶しようとしてもすぐに忘れ、いつまでたっても相手の話す英語が聞き取れなかったりすると、悲しくなるものです。

そんな時、昨日よりもできることが増えた、やり始めた時よりもできるようになったと考え、練習すること自体、学ぶこと自体を楽しむべきです。そうしてこそ、一生楽しめるライフワークになると思います。

◆コンサートに出かけてみる

❖理解は徐々に深まる

これまで、ライフワークとして何かを実践することについて説明してきました。しかし、鑑賞するだけでも立派なライフワークになります。自分で実際に作業をする必要はありません。上手下手もありません。ただ音楽を聴いたり、絵画を見たりするだけです。もちろん、コンサートや美術展に出かけて実演を聴いたり、実際の絵画を見たりするのも楽しいのですが、現在は複製技術が発達していますので、音楽も美術も自宅にいながら存分に楽しむことができます。

文学を読み始めたり、クラシック音楽に親しみ始めたりする高齢者からよく聞くのは、「読み始めたけれど、文学はわからない」「クラシック音楽は難しい」という言葉です。

文学や芸術に親しむには「出会い」が大事です。私は大の文学好き、クラシック音楽好きですが、すべての文学作品、すべてのクラシック音楽作品が好きなわけではありません。それどころか、嫌いな作家、嫌いな作曲家もたくさんいます。さっぱり理解できない作家ももちろんたくさんいます。まさに「出会い」にかかっています。「わからない」「難しい」という人は、まだ自分にふさわしい対象に出会っていないのです。

ただ、「理解する」ということを考えると、なかなか難しいかもしれません。私は中学生のころからドストエフスキーの『罪と罰』が大好きで、十回近く読み返していますが、理解しているかといわれると、いまだに自信がありません。とても面白いと思いながらも、わからないところが常に残ります。娯楽作品のように、その作品で言いたいことがすぐにわかるものではありません。わからなくて当たり前と考え、繰り返し読み、解説書なども参考にして、徐々に理解を深めようとしています。

私自身、理解することよりも、楽しむことを重視して読み進めたいと思っています。ですが、いくつかの作品に、あるいは一つの作品に何度も接しているうちに、だんだんと理解が深まってくると思っています。

◆クラシック音楽を聴いてみる

❖室内楽をしみじみと

私は十歳のころからクラシック音楽を聴き続けてきました。とはいえ、クラシック音楽をじっくり聴くにはゆったりとした時間が必要です。仕事をしていた時期はなかなか音楽に耳を傾けるだけの時間を取れませんでした。高齢になって時間が取れたら、もっとじっくりと音楽を楽しみたいと思っています。

もちろん、コンサートに足を運んで実演を聴くのが理想です。生の演奏は、まさしく「生きた」音楽。作曲家がその曲に込めた喜怒哀楽や、その曲が生まれた時代の空気などを、演奏を通じて実感することができます。それらを演奏者がどう再現するか、その時々の演奏者の個性に触れるのも魅力です。私は、多い時には年に百回ほど、数日に一回の割合で、コンサートに足を運んでいます。

しかし、現代のオーディオ機器の発達には目を見張るものがあります。それほど高価でなくても、心の底から感動をもたらすような音質で音楽を聴くことができます。

私は若い時代には、ベートーヴェンやブラームス、ブルックナーなどのオーケストラによる交響曲や協奏曲のコンサートを主に聴いていました。今でも実演を聴く時にはオーケストラ曲を選ぶことが多いのですが、自宅でCDをかける時などは室内楽曲を聴くことが多くなってきました。モーツァルト、ベートーヴェン、シューベルト、ブラームスの弦楽四重奏や、ピアノトリオなどを好んで聴きます。

室内楽は、個人のしみじみとした心境を描くのに適した音楽です。大オーケストラ曲のように大勢の観客を相手にしているのではなく、一人ひとりの心に静かに訴えかけてきます。

私が聴くたびに、心をゆすぶられ、老境をしみじみと感じるのは、ブラームスのクラリネット五重奏曲です。十九世紀ドイツの作曲家・ブラームスが晩年に仕上げた作品で、まさしく枯淡の境地。もちろん、それ以外のブラームスの曲も大好きです。これからも、室内楽をもっと聴きたいと思っています。

◆昔の映画をもう一度見る

❖DVDで手軽に楽しむ

今は、ブルーレイディスクやDVDによって、映画や舞台の映像を手軽に楽しむことができます。買うこともできますし、レンタルビデオ店で借りることもできます。もちろん、新しい映画を見ることも楽しいのですが、古い映画もたくさん発売されていますので、昔見た映画をもう一度見るのも面白いと思います。

人間はずっとそこにいると、変化に気づかないものです。私が東京で学生生活を始めた一九七〇年代の新宿の様子などを映画の中に見ると、この五十年間の変化がどれほど大きかったかに気づきます。当時は、高いビルがほとんどなく、道路も十分に舗装されていなかったことを再発見します。

映画によって、自分が生きてきた時代を振り返ることもできます。映画は、その時代の精神をそのまま反映しますので、公開された時代には気づかなかった時代精神のようなものを、改めて見つけることができるのです。それは、その時代に生きた自分の人生を振り返ることにもつながります。そのころ、何を夢見て生活していたのか、どんな思いでいたのかを思い出すことでしょう。

昔、大ファンだった俳優の若い姿を見つけ出すこともあるでしょう。すでに世を去った名優の名演技を楽しめることもあります。しかし、私としては、俳優目当てで昔の映画を見ますと、当時ファンだったことを思い出して懐かしくなるのですが、映画の出来としてはあまりよくなくてがっかりすることがあります。それよりも、日本アカデミー賞やキネマ旬報の映画賞などを獲得した映画を見るほうが、よい映画に当たる率が高いと考えています。そこから出発して、同じ監督のいい作品や知らなかった名優の出演作など、また別の面白い映画を探すこともできます。

私は日本映画のほか、フランス映画やイタリア映画を楽しんで見ていました。アントニオーニ、フェリーニ、パゾリーニ、ヴィスコンティなどの監督の映画作品にときめいたものです。そうした作品を今見直すと、改めてその芸術性の高さに驚嘆します。映画はさまざまな楽しみをもたらしてくれます。

◆オペラのDVDを見る

❖総合芸術を気軽に

前にクラシック音楽を聴くことをお勧めしましたが、その入り口としてオペラは交響曲などよりもふさわしいかもしれません。

オペラは言うまでもなく、音楽付きの芝居です。親しみやすいストーリーがあります。男女の熱烈な恋があり、激しい復讐があり、吹き出したくなるような笑いもあります。深遠な哲学が描かれるオペラもあり、軽やかな娯楽オペラもあります。そして、そのドラマが感動的な音楽によって展開されます。

もちろん、歌手たちがみんな美男美女とは限りませんが、魅力的な容姿の歌手もたくさんいます。衝撃的な演出、絢爛《けんらん》豪華な舞台装置などもあります。ダンスが披露されるオペラもたくさんあります。音楽面だけでなく、舞台芸術としても楽しめます。

一流のオペラ歌手の声の威力にはだれもが驚嘆することでしょう。実演で聴くと、もちろんマイクなしで大劇場全体に美しい声が響き渡るのですが、それは映像でも十分に味わえます。驚異的な高音や低音、とてつもないテクニック、感動的な歌い回しなどが味わえます。

私はワーグナーの作品を繰り返し見ていますが、誰もが楽しめるオペラは、広く親しまれているモーツァルトの『フィガロの結婚』や『魔笛』、ロッシーニの『セビリアの理髪師』や『チェネレントラ』でしょう。これらには、笑い転げながら見て、同時に音楽の美しさに圧倒されることでしょう。

さらに、ヴェルディの『椿姫《つばきひめ》』『アイーダ』『オテロ』、ビゼーの『カルメン』、ヨハン・シュトラウスの『こうもり』、プッチーニの『ラ・ボエーム』『トスカ』。また、レオンカヴァッロの『道化師』、マスカーニの『カヴァレリア・ルスティカーナ』、リヒャルト・シュトラウスの『ばらの騎士』などです。これらを見ると、感動のあまり涙を流される方もきっと大勢おられると思います。

映画と違って、同じ音源を何度でも楽しむことができます。名演奏の場合、オーケストラの演奏や歌手たちの歌唱に何度でも感動します。

◆美術館に行ってみる

❖好きな絵を深く探ってみる

音楽だけでなく、美術も楽しみを広げることができるジャンルです。美術館や展覧会などに行って作品を実際に見るのも素晴らしいですし、自宅にいながら、画集によって世界の絵画を楽しむこともできます。

画集は、夜中でも一人で、また短時間でも楽しむことができます。また、実物を手に入れるのは難しくても、複製を部屋の壁に掛けて、常に目を楽しませることもできます。若手の画家の作品はそれほど高価ではありません。もし、気に入れば、それを購入して応援することもできるでしょう。

ゴッホやルノワールの絵も美しいものです。何度見ても見飽きませんし、その色彩には心躍る思いがします。しかし、年齢を重ねると、もっと落ち着いたものに引かれます。

フェルメールは日本でも人気の高い画家ですので、ご覧になったことのある方も多いでしょう。レンブラントの絵も、光と影の描写が見事です。ボッティチェリの絵画も目を見張る美しさです。ダ・ヴィンチももちろん、本物を見ると息をのむほどです。

もちろん、日本絵画も素晴らしいものがたくさんあります。私はたまたま長谷川等伯の絵を見て感動し、その後、琳派の絵画、とりわけその流れをくむ酒井抱一に心を引かれるようになりました。そして、伊藤若冲や写楽や北斎の浮世絵にも驚嘆します。贔屓《ひいき》の画家を見つけて、その絵を追いかけると、一生楽しむことができるでしょう。

歴史や社会背景を踏まえて西洋美術を解説した『名画は嘘《うそ》をつく』などの著書がある西洋美術史家の木村泰司さんは「絵画鑑賞は恋愛とよく似ています。一目《ひとめ》惚《ぼ》れだけでは長続きしません。その人物の内面を知ることによって、愛情も深くなったり冷めたりもします」と、同著に書いています。本などを参考に、好きな絵が描かれた時代や社会背景を深く探ってみるのも、面白いでしょう。

木村泰司
『名画は嘘をつく』
（だいわ文庫・799円）
ラファエロ、ムンクなど歴史的な名画の裏話を解説するシリーズの初巻。

◆シェイクスピアや『源氏物語』を読んでみる

❖訳者を変えて読み比べ

私は、高齢の方が文学や芸術に接する場合、新しい作品よりも、かつて接したもののほうが楽しめると思っています。文学作品の場合は読み返しです。

もちろん、新しいものに挑戦するのも素晴らしいことです。私も、もし好奇心をくすぐられたら、新しいものを見たり読んだりしたいと思います。しかし、以前すでに触れたことのあるもの、ずっと気にかかっていたもの、話に聞いたことがあるもの、大部分を知っているものを、まずはきちんと読んだり見たりすることのほうが、気楽にできると思うのです。

そのような方法ですと、例えば小説を読むのを途中でやめてもかまいません。ゆっくり読むと、どうしても途中でストーリーを追えなくなってしまいますが、名作でしたら、あらすじをネットや本などで確かめながら読み進めることができます。ストーリーを追うのではなく、それぞれの場面を思い浮かべて味わい、また、さまざまな解釈をしながら読んでいくこともできます。

私が繰り返し読みたいと思っているのは、シェイクスピアの戯曲です。『ハムレット』や『ロミオとジュリエット』『マクベス』『オセロ』『リア王』『ヴェニスの商人』を今、読み返すと、驚くような人間観察、言葉の魔術とでもいえる警句に満ちていることを再発見できます。自分の生き方を反省させられる言葉にあふれています。ストーリーもさることながら一つ一つの言葉が心に響きます。

シェイクスピアに匹敵する日本の作品といえば、『源氏物語』です。多くの方が高校時代に部分的に習った記憶があるでしょう。が、そのころは「勉強」として読まされたことでしょう。しかし、光源氏は言うまでもなく稀代《きだい》の貴公子であり、この物語はまさしく女性遍歴の書です。はらはらするような恋愛に事欠きません。原典で読むのは難しいと思いますが、幸い、いくつもの優れた現代語訳が刊行されています。訳者を変えて読んでみるのも楽しそうです。

◆夏目漱石を読み返す

❖じっくり、何度も読む

近代文学の作品の中にも、もちろん素晴らしいものがたくさんあります。誰もが読み返して得られるものが多いと思われるのが、夏目漱石の小説です。

私はこれまで、まだ多いものでも四回ほど、少ないものは一回だけしか読んでいない小説があります。それらを読み返すのが楽しみです。『吾輩《わがはい》は猫である』や『坊っちゃん』も名作ですが、現代人が読むと、『三四郎』『それから』『門』の前期三部作、『彼岸過迄』『行人』『こころ』の後期三部作に引かれるのではないでしょうか。いずれも、漱石の苦悩、近代日本社会の抱える問題が、一人の人間の孤独とともに描かれます。

もちろん、太宰治や三島由紀夫、大江健三郎、村上春樹の作品も繰り返して読むにふさわしいものがたくさんあります。また、司馬遼太郎の作品はいわゆる純文学とはいえないものですが、その歴史を見る目からさまざまなことを学べます。

そのほかに、大文豪でなくても、自分だけが溺愛する作家を見つけることもよいことだと思います。文学史に残っている作家のほとんどは、繰り返して読むに値する作家たちだと私は思います。

私の贔屓の作家を数人挙げてみましょう。『たけくらべ』などの作品で知られた樋口一葉の文体の美しさには感動します。現代人にはなかなか読み進めるのが難しいのですが、ゆっくり読んでじっくりと味わってはいかがでしょう。作品も少なく、一つ一つが短いので、あまり時間がかからないはずです。

『暗夜行路』『小僧の神様』などの名作を残した志賀直哉も、私の愛する作家です。自らの孤独な生命をしっかりと受け止めている点で感動的です。

小説のほか、詩を読むのも楽しいことです。「日本近代詩の父」といわれ、詩集『月に吠《ほ》える』などで知られた萩原朔太郎をはじめ、素晴らしい詩人がたくさんいます。その言葉の世界をゆっくり味わってみるのもいいでしょう。

◆こりずに、再度挑戦する

❖芸術との出会いはある日突然に

これまで、音楽や美術、文学を鑑賞することについて書いてきました。

ところが、ときどき、「芸術に親しもうと思って、コンサートに行ったり、美術展に行ったりしたが、親しめなかった」とおっしゃって、そのまま芸術鑑賞をやめてしまう方がおられます。

私はそんな方は出会いに恵まれていないのだと思っています。

人との出会いによって自分の生き方が決まるのと同じように、芸術も出会いによって決まると思います。私がクラシック音楽を好きになったのも、小学生のころにたまたまロッシーニ作曲の「ウィリアム・テル序曲」に出会ったからでした。私の友人の中には、大学時代にフェルメールの「真珠の耳飾りの少女」に出会った人がいます。太宰治を読んで文学に目覚めた友人もたくさんいます。

その時、その時代の気持ちにぴったりの芸術に出会うことによって、芸術の世界に引き込まれていきます。たまたまその時の自分のぴったりの芸術作品との出会いが、きっかけにほかの芸術作品にも関心を広めていけるのです。

音楽の場合、演奏家に対する関心でもよいのです。

私は長い間、ドイツ系のオペラは大好きでしたが、イタリアオペラはほとんど聴きませんでした。メロドラマ的なところが嫌でした。ところが、ネトレプコという、歌が素晴らしいだけでなく、容姿も美しい名歌手を知りました。私はネトレプコに導かれて、イタリアオペラに親しむようになりました。

それでよいと思うのです。私は、ネマニャ・ラドゥロヴィチというセルビア出身のヴァイオリニストを贔屓にしていますが、魅力的な男性であるために、女性ファンがたくさんいます。多くの女性がネマニャに酔い、音楽を楽しみ、ほかの音楽にも関心を広げていきます。

きっかけはなんでもかまいません。ともあれ出会いによって、その世界に入り、芸術を楽しむことができます。それは一生にわたって楽しむことができるのです。

◆最後に

❖老後は自分を通していい

これまで、老年に向かうにあたっての心構えや生き方についてお話ししてきました。私がここに書いてきたのは簡単なことです。高齢になると、つらいことが増えてくるでしょう。どうしても孤独に襲われることになるでしょう。かつてのプライドを傷つけられ、時に悲しみ嘆くでしょう。が、そのような高齢の時間をできるだけ楽しく、できるだけ楽に生きたいと思うのです。

そして、そう思った時に柱となるのが「しなくていい」という考えでした。ですから、ここでは基本的に「しなくていい」と考えながら生きていくにはどうすればいいか、その方法を提案してきました。

私は、おそらく多くの日本人の中にあって最も「しなくていい」と考えて生きてきた人間の一人でしょう。たまたまかもしれませんが、そういう生き方をして、いくつもの挫折は経験しながらも、なんとか人生を乗り切ってきました。「こうあらねば」という思い込みから離れて「たかが自分、されど自分」と考え、無駄に悩まない方法を書いた『頭のいい人の「軽々と生きる」思考術』（だいわ文庫）など、そうした自分の生き方や考え方を何冊かの本にまとめてもきました。

私のような生き方をすれば高齢者でも気楽に生きられるのではないか。そう思って、本書を執筆しました。

繰り返しますが、壮年の時代は生産の時代、産業の時代です。そのころは「しなくてはいけない」という考えで動かざるを得ません。私もその時代には、自分本来の生き方を抑えざるを得ませんでした。しかし、高齢になると、個人も「低成長時代」になり、「脱産業時代」になります。そこでは堂々と「しなくていい」を通せるのです。

ともに楽しい老後を過ごしましょう。「しなくていい」と考えて、気楽に飄々《ひょうひょう》と、楽しく生きましょう。そうして、楽しく生きる高齢者の多い社会にしていきましょう。

本書は「東京新聞」「中日新聞」に二〇一八年一月から三月まで連載された「65歳になったら…○○しなくていい宣言!」を加筆修正した上、まとめたものです。

〈著者プロフィール〉
樋口裕一（ひぐち・ゆういち）
1951年大分県生まれ。早稲田大学第一文学部卒業後、立教大学大学院博士課程満期退学。フランス文学、アフリカ文学の翻訳家として活動するかたわら、受験小論文指導の第一人者として活躍。現在、多摩大学名誉教授、東進ハイスクール客員講師。通信添削による作文・小論文の専門塾「白藍塾」塾長。250万部の大ベストセラーとなった『頭がいい人、悪い人の話し方』(PHP研究所)のほか、『頭がよくなるクラシック』『頭がいい人の聞く技術』(幻冬舎)など、著書多数。

65歳　何もしない勇気

2018年8月5日　第1刷発行

著　者　樋口裕一
発行人　見城 徹
編集人　福島広司

GENTOSHA

発行所　株式会社 幻冬舎
〒151-0051　東京都渋谷区千駄ヶ谷4-9-7
電話　03(5411)6211(編集)
03(5411)6222(営業)
振替　00120-8-767643
印刷・製本所　株式会社 光邦

検印廃止

ISBN978-4-344-03339-9　C0095
幻冬舎ホームページアドレス　http://www.gentosha.co.jp/

この本に関するご意見・ご感想をメールでお寄せいただく場合は、
comment@gentosha.co.jpまで。